THE OATH

誓言 我的故事

MY STORY

100

孟　芳　关克宇◎主编

1921-2021

中国经济出版社
CHINA ECONOMIC PUBLISHING HOUSE

图书在版编目（CIP）数据

誓言：我的故事／孟芳，关克宇主编．--北京：中国经济出版社，2021.12

ISBN 978-7-5136-6742-5

Ⅰ.①誓… Ⅱ.①孟… ②关… Ⅲ.①先进工作者-先进事迹-中国 ②模范单位-先进事迹-中国 Ⅳ.①K820.7

中国版本图书馆CIP数据核字（2021）第239475号

选题策划 汪 京
责任编辑 侯娅南
责任印制 马小宾
封面设计 刁 铄 高鹏博

出版发行 中国经济出版社
印 刷 者 北京力信诚印刷有限公司
经 销 者 各地新华书店
开　　本 710mm×1000mm 1/16
印　　张 18.25
字　　数 260千字
版　　次 2021年12月第1版
印　　次 2021年12月第1次
定　　价 60.00元
广告经营许可证 京西工商广字第8179号

中国经济出版社 **网址** www.economyph.com **社址** 北京市东城区安定门外大街58号 **邮编** 100011
本版图书如存在印装质量问题，请与本社销售中心联系调换（联系电话：010-57512564）

编委会

序
PREFACE

2021年2月20日，习近平总书记在党史学习教育动员大会上的重要讲话指出：“今年是中国共产党成立一百周年。在全党开展党史学习教育，是党中央立足党的百年历史新起点、统筹中华民族伟大复兴战略全局和世界百年未有之大变局、为动员全党全国满怀信心投身全面建设社会主义现代化国家而作出的重大决策。”为了贯彻中央决策精神，各级党组织、政府部门、机关企事业单位、民间团体等纷纷行动起来，把党史教育和建党100周年纪念活动作为年度头等大事，精心规划，扎实推进。事实上，2021年初，各类献礼的文艺作品和纪念活动已经陆续推出和开展，并在7月1日前后呈现出高潮迭起、渐入佳境之势。

一个党员就是群众中的“一面旗帜”，千百万共产党员的先进形象就是我们党的光辉形象。为庆祝中国共产党成立100周年，纪录片《誓言：我的故事》通过10位不同年纪、不同职业的主人公，共同讲述一个和誓言有关的故事，通过他们的故事，在跨越百年的历史时空中，可以展现出几代共产党人为了中国人民的幸福，为了中华民族的伟大复兴所表现出的无私与奉献、坚守与追求。在影片的创作过程中，导演组还收集了数十位当代优秀共产党员的故事，因篇幅所限，未能全部纳入影片当中。这些优秀党员的故事构成了本书创作不可或缺的基石。在中国经济出版社的大力支持下，这本与纪录片同名的图书应运而生。

书中除了纳入影片的10个故事，还收录了15个人物和集体的先进事迹，横向覆盖从中央到地方、从城市到农村、党政军企学各行各业，纵向涉及20世纪20年代的革命先驱和新时代的年轻建设者。其中，既有中国第一代核潜艇总设计师黄旭华这样具有传奇色彩、荣获共和国勋章的科学家，也包括“可可西里守护神”赵新录这样投身艰苦事业的基层干部；既包括鲜活的先进个人，也有像九江市消防救援支队这样表现卓越的集体；既包括付志洪这样的“泥腿子”出身的农民带头人，也包括中国科学院院士、中国石化科技委员会顾问陈俊武这样的央企优秀代表；既包括吴佩芳、周儒欣这样的中关村科技精英，也包括李春燕这样的农村“赤脚医生”。在集中关注国内之余，本书还引入国际视野，关注以中国交通建设集团有限公司安爱军这样奋战在海外，为“一带一路”建设作出突出贡献的人物。除此之外，2020年还是脱贫攻坚的收官之年。2021年2月25日，全国脱贫攻坚总结表彰大会在北京人民大会堂隆重举行。习近平总书记向全国脱贫攻坚楷模荣誉称号获得者颁奖并发表重要讲话。全国各地均有一大批扶贫攻坚先进个人和集体荣获表彰。因此，本书对扶贫工作相关领域的英模人物给予侧重，其中既有“采莲人”王泽勇这样的农村脱贫致富带头人，也有张巍婷这样不图名利、润物无声的奉献者。2019年底2020年初肆虐于武汉的新冠肺炎疫情，也催生了李郑军这样平凡又伟大的抗疫先进人物。此外，书中还介绍了一些优秀的少数民族共产党员，其中有促进民族团结的带头人艾尔肯·买买提，有数十年如一日为藏区运送邮件的康巴汉子其美多吉等。这些生动感人的事迹充分体现了本书编者与时代同脉搏的追求。

本书是一部为优秀共产党员立碑的作品，其中收录的英模人物，均荣获过国家级荣誉。综合来看，本书所展现的人物除了各具自身的时代特征外，至少还具备以下共性特征：一是为了真理而不惜献出生命的理想主义精神；二是为了他人而牺牲自己的无私奉献精神；三是为了信念而执着坚守的坚强意志；四是干一行爱一行、善于钻研、敢于探索的创新精神。相信在深入阅读本书的过程中，每一位读者都会和我们一样，时时刻刻都被英模们的精神所感染和打动。

《誓言：我的故事》纪录片和图书的创作团队从两年前就着手策划、

拍摄和编写工作，同时克服了新冠肺炎疫情的干扰以及其他各种难以想象的困难，终于将一部真诚讲述真实共产党员故事的作品奉献给观众和读者。影片和图书互为映衬，线上和线下同步推进，是一种与新时代特色相一致的新颖的传播方式。在众多建党纪念活动和党史教育图书中，相信本书的推出会让读者眼前一亮，也会为全国范围内的党史教育增加新鲜的养分。

薛　乐

2021 年 7 月 1 日

前言

FOREWORD

经过数月的艰苦劳动，本书的全稿终于完整地呈现在出版社编辑面前。本书从内容准备到付梓，可以说经历了一个漫长的过程，这一过程最早可以追溯到纪录片《誓言：我的故事》的酝酿时期。为了纪念中国共产党成立100周年，由中央新闻纪录电影制片厂（集团）孟芳导演为核心的主创团队决定策划拍摄一部这样的纪录片——以百年来中国共产党人的奋斗历程为叙事背景、以大爱为统领，讲述个体人物故事，关注人性，聚焦细节，力争做到有血有肉有温度。也许是立意有足够的高度，也许是主创团队具有极大的感召力，加之时机选择得恰到好处，该片从策划立项到实施创作都得到了相关部门的大力支持和帮助。出版同名图书的想法是在影片创作过程中偶然形成的，筹备过程中的一些选题内容正是本书最早的素材来源之一，而这一切都发生在两年前（2019年）。随着建党100周年纪念日的临近，在影片制片方委托和参与下，中国经济出版社下属的中国经济名萃智库国资国企党建管理数字出版研究中心承接了本书的编写任务，并由名萃智库专家委员会首席专家关克宇负责具体的编纂工作。

本书与纪录片相呼应，适应新时代要求，在融媒体创新上做了积极的探索。作为纪录片从形式到内容的延伸，本书遵从纪录片创作的基本指导思想，在题材选择、架构搭建、叙事方法、逻辑演绎等方面，都强调对细节的把握，以及对人性的观察和揭示。同时，作为对纪录片的补充，本书发挥了更重要的作用：一是对纪录片中缺乏历史影像资料的部分，以文字进行补充和完善；二是对人物内心世界进行深入探究和细致描述；三是最大限度地收拢散杂细节，让人物形象更加立体生动；四是把由于容量所限，无法以90分钟影片充分表述的内容收纳进书；五是可以展示纪录片制作过程背后不为人知的工作花絮，让读者有机会从纪录片以外的角度解读影片；六是相对纪录片而言，图书具有便于携带、即时阅读和长久保存的优势。因此，可以说，本书与同名纪录片是完美互补、两位一体的姊妹作品。

本书除收录了与纪录片10个故事单元相关的人物事迹，还收录了15个先进个人和集体的事迹。在这些故事中，有一部分是因各种客观原因与此次拍摄擦肩而过的人物，主创团队希望通过图书的方式把他们介绍给读者。图书内容选择的主要依据为：一是有细节，够生动；二是滤除了过往宣传力度很大，已经家喻户晓的人物；三是务求人物形象尽可能全面，具有时代精神的代表性。

以上背景和结构特点决定了本书被分为三个板块：第一板块为“观影篇”，以“发现细节 感知温度”为副标题，严格对应纪录片的10个故事单元；第二板块为“花絮篇”，以“用心谋划 极致呈现”为副标题，其中包含大量影片拍摄花絮，可以满足读者想要了解纪录片拍摄神秘幕后工作的需求；第三板块为“英模篇”，以“一花报春 百卉满蹊”为副标题，收录了15篇英模事迹。

本书的文字主要集中在第一板块和第三板块。其中第一板块是本书的核心，每个故事的字数都在6000字左右。在第三板块里，每个故事的字数都在4000字左右。这两个板块在结构上均以逻辑相对独立的内容为单元，每个单元尽量以人物“金句”为标题，力求生动活泼接地气，追求尽可能强的可读性。

本书入选人物均已获得本人或主管单位授权，大部分事迹内容由其本人或主管单位提供。但也有部分内容来自公开报道或其他途径，且已对出处做了注释，并对被引用文字、图片的著作权人表示感谢——谢谢你们为传播正能量作出的贡献。

本书是一部优秀共产党员先进事迹的精选文集，“中国共产党党员”

是所有入选英模的共同身份，故此，在人物介绍部分不再对这一身份进行标示。

本书由同名纪录片制片人、总导演孟芳与名萃智库专家委员会首席专家关克宇共同主编。本书编委会由出版社人员、纪录片主创团队成员和各相关单位党政办公室工作人员、宣传部工作人员组成，他们都为本书的诞生倾注了大量的心血。同时，还希望借此机会对关心和支持本书创作的中国文联网络艺术传播中心、中国经济出版社名萃智库国资国企党建管理数字出版研究中心以及其他相关各方表示衷心的感谢。

所有为中华民族伟大复兴而不懈奋斗的先进人物和集体，光荣属于你们！

编者

2021 年 7 月 1 日

目 录
CONTENTS

观影篇

发现细节　感知温度
——《誓言：我的故事》主人公的多彩世界

花絮篇

用心谋划　极致呈现
——《誓言：我的故事》拍摄花絮集锦

英模篇

一花报春　百卉满蹊
——部分行业先进人物英模事迹选录

100

观影篇

发现细节 感知温度

——《誓言：我的故事》主人公的多彩世界

1921—2021

头可断、血可流、志不屈的革命烈士

李耘生

李耘生（1905—1932），男，汉族，山东广饶人。革命烈士，曾任中共南京特委负责人。

信仰的光辉

李耘生原名李殿龙，曾用名李立章、李涤尘，1905 年出生在山东省广饶县西李村的一个农民家庭。李耘生的童年时代，正值中国几千年的封建制度风雨飘摇、资产阶级民主革命浪涛席卷全国之时。他 15 岁时即以优异成绩考上了省立青州第十中学（今青州一中）。在此期间，李耘生曾写过一篇题为“一个奇怪的果子”的文章，以犀利的笔触揭露了旧的社会制度“金玉其外，败絮其中”的腐朽反动本质，表达了自己立志推翻几千年来的剥削制度的决心。

1922 年 9 月，山东早期共产党员王翔千来到省立青州第十中学任国文教员。在教学的同时，他开始组织李耘生、刘子久等一批进步学生学习《共产党宣言》《中国青年》《向导》《社会主义问题讨论集》等进步书刊。在王翔千老师的鼓励下，李耘生开始与党的一大代表、山东省党组织的创始人之一王尽美通信，深入探讨共产主义理论和中国革命的前途。

1923 年，李耘生加入中国社会主义青年团，不久即担任了省立青州第十中学青年团的支部书记。同年底，李耘生应王尽美之邀，前往济南从事革命工作。

李耘生用过的课本

1924 年，经王尽美介绍，李耘生加入了中国共产党。8 月，李耘生被中国社会主义青年团济南地方全体大会选举为济南团地方执委秘书。他任职不久，就积极深入到津浦大厂、济南火车站、鲁东纱厂的青年工人中去，了解情况，传播新思想。为提高青年工人的思想觉悟，他们积极创办工人业余夜校，编辑出版进步刊物，引导他们走上革命的道路。

1925 年 8 月 19 日，王尽美同志感染肺结核，但他仍连日演讲宣传而不肯休息，终因劳累过度逝世。“全体同志们要好好工作，为无产阶级和全人类的解放和共产主义的彻底实现而奋斗到底!”王尽美同志的遗言，成为李耘生在心里又一次立下的誓言。

经过革命实践锻炼的李耘生，在马克思列宁主义的指导下，逐渐显露出非凡的才能。1924 年 8 月到 1926 年 2 月，李耘生先后担任济南团地委书记和青岛团地委书记，这一期间，正是白色恐怖笼罩山东大地之时，他深入实际调查研究，向中央和上一级党的领导机关写了许多报告，为革命事业的发展提供了宝贵资料。

“我的遗嘱就是盼望亲人与你们斗争到底”

1931 年 11 月，中共江苏省委决定成立南京特委，李耘生同志担任负责人，管辖江宁、江浦、句容、溧水、溧阳、宜兴等地党的工作。为了配合中共中央实现在南京举行“兵暴”后再到浙江天目山建立游击根据地的计划，李耘生同志发挥了卓越的组织才能。他不仅在京杭国道沿线的句容、溧阳等地建立起了党的特别支部，而且还组织了一支近百人的武装游击队，以便在大部队起义成功向天目山推进之时，给予有力的配合和支援。

李耘生与妻子章蕴及儿子的珍贵合影

南京贫儿教养院旧址。1931 年，李耘生化名李涤尘，在此做历史教员，同时进行重建南京地下党组织的工作

1932 年 4 月，由于南京地委路大奎、王善堂等人的叛变，南京党组织遭到了严重破坏，形势异常紧张。为尽量减少党的损失，党组织决定派章蕴同志去湖南。她化装成病人，租了一辆车到下关码头，乘船匆匆离开了南京。李耘生冒着随时被捕的危险，毅然留在南京，与敌人周旋，后不幸被捕。敌人随即将他送到南京宪兵司令部看守所。当时，敌人并不知道这就是令他们胆战心惊的李耘生。

李耘生狱中不屈不挠的斗争事迹被雨花台烈士纪念馆以现场实景展示的方式介绍给参观者

在多次审讯拷打中，李耘生始终没有暴露身份，狡猾的敌人带出叛徒路大奎当场辨认后，又将李耘生的儿子抱来隔窗“相认”，证实了他就是中共南京特委负责人李耘生。

李耘生在狱中始终坚持斗争，为抗议敌人的虐待，李耘生在牢房里发动难友绝食。他挺身而出，代表难友们与敌人进行了谈判，提出了“三不许”的条件：一不许烧霉米烂菜；二不许克扣“囚粮”；三不许打骂虐待。绝食斗争坚持了两天，敌人看见这些“囚徒”虽然已饿得四肢无力，唇干舌燥，但没有一个人动摇，迫不得已，答应了以上三个条件，当即送来了白米稀饭和新鲜的蔬菜，绝食斗争取得了胜利。

1932 年 6 月 8 日凌晨，李耘生被押赴刑场。刽子手问他有什么遗嘱时，李耘生坚定地回答：“遗嘱就是盼望亲人们与你们斗争到底!”李耘生英勇就义，年仅 27 岁。

之后的故事……

杜早力，李耘生烈士之女。1932 年 8 月出生于湖南长沙。1954 年赴苏联，就读于乌克兰基辅工业学院自动控制专业。1959 年回国后就职于中国航天部从事技术工作。现已退休

“我（杜早力）对父亲的生平认识还是从史料中看见的，因为我没有见过我父亲，而且他的生命时间也很短。对于父亲的事，母亲也很少提

及。我是遗腹女，父亲牺牲后的一两个月我才出生。具体的时间，连我母亲都记不清楚了，因为父亲的牺牲，她在精神上受到了很大的刺激。大概是6月到8月这样的一个时间之内。我说，好吧，我的生日就定在8月1日吧！认识父亲是从照片开始的。他的照片给我的第一印象，让我觉得父亲是一个很英俊儒雅的书生，目光坚毅，很难想象他身上蕴藏着那么大的毅力——这是他给我的初步印象。我和父亲没有在一起生活过，关于我父亲的事情，母亲讲的也不多，所以我对父亲的认识只是一种理性的认识。父亲虽然只活了27年，生命短暂，但他和我党无数革命先烈一样，精神是永垂不朽的。他们的这种精神让我刻骨铭心地记在心上。

“他们1926年结婚，到父亲牺牲时，也就不到6年的时间。母亲这一生非常不容易，经受了很多痛苦，父亲被捕牺牲后，真可以说是家破人亡。我哥哥那么小还被关进监牢，父亲牺牲以后，他还继续被关在监牢里。后来，哥哥被送到保育院。我的祖父卖掉了几亩地，凑了点钱，才把我哥哥赎回去。所以，我哥哥是在山东爷爷家长大的。我是在湖南长沙外婆家长大的。我从小就记得外婆一个人，别人我都不知道，因为就我们祖孙俩相依为命。父亲牺牲后，母亲继续她的革命征程，我两个舅舅也参加了革命。我外公去世得很早，家里就剩下外婆。一直到1949年解放，母亲才找到我，把我带到上海念书。不管生活有多么艰难，外婆认为孩子是一定要念书的，所以我没有荒废学业，但我哥哥就不一样了，要在家里种地。1944年左右，母亲通过组织找到我哥哥的时候，他已经是14岁的小伙子了，但因为严重的营养不良，很瘦小，母亲不相信这就是12年前那个活泼可爱的儿子。

重聚后，章蕴带子女拍的全家福

她走过去，挽起哥哥的裤管，发现了小腿上那个十分熟悉的橄榄型伤疤——不错，这个可怜的孩子，正是她的儿子。她心中酸楚，抱着我哥哥痛哭起来。

“哥哥那时候没念书，连自己的名字都不会写。后来，他被送到大连上学。几年工夫，哥哥的文化水平就赶上来了。1950 年，他从大连回到上海，我们兄妹俩第一次见面，后来都去了哈尔滨工业大学的预科学习，再后来留苏，在苏联学习了 5 年。哥哥是第二年考上的，学的是造船，我学的是自动控制。哥哥因为一直跟着母亲，所以政治水平比我强。他后来走上了领导岗位，在国防科工委担任外事局局长。我是一个非常普通的技术工作者，从苏联毕业回来以后就分配在航天部，一直从事航天方面的技术工作。我觉得作为一个朴实无华的普通劳动者，把自己能做的事情做好，就很好。”

章蕴，原名杜韫章，1905 年生于湖南长沙，1925 年在武汉参加革命，同年加入中国共产党。长期在新四军和华东地区担任领导职务。1978 年 12 月，在中共十一届三中全会上当选为中央纪律检查委员会副书记。1982 年，在中共第十二次全国代表大会上，当选为中共中央顾问委员会委员

章蕴在丈夫李耘生牺牲后，因为白色恐怖严重，有一段时间无法找到党组织，而与党组织失去联系，先后在南京、长沙和武汉等地做临时工。

“我母亲在父亲牺牲后，也与党组织失去了联系。在严酷的考验面前，她立下三条誓言：第一，继续找党，一定要找到，重回党组织的怀抱；第二，绝对不做国民党的任何工作，只做工，养活自己和女儿；第三，不再结婚。这三条誓言一方面说明母亲对我父亲深切的怀念和他们之间真挚的爱，另一方面说明只要她找到党，就可以清清楚楚、明明白白地投入党的怀抱，可以立即工作，不需要再审查。”

1936 年秋，章蕴恢复党籍，在长沙长途电话局当接线生。1937 年冬，她受中共湖南省工委派遣来到湘潭，恢复党的组织，担任中共湘潭县工委书记。她的公开职业是在位于十四总的省长途电话工程处的湘潭办事处当接线员。这个办事处只有 1 个主任、3 个接线员及 1 个勤杂工。在办事处里，每天从早到晚由 2 人轮流接线，白天还要有 1 人负责营业。她在繁忙的工作中抽出时间开展党的活动和群众工作，与王南秋、肖卡、王汉新、张忠廉等一起，先后在城区和农村联络、发展 30 余名党员，建立 6 个党支部，并于 1938 年 3 月建立中共湘潭县工委，她任县工委书记。日军侵占上海、南京以后，电厂、被服厂、步兵学校、200 师师部等先后迁入湘潭。这些单位的党支部都由湘潭县工委领导。为了发动群众抗日，她经常去一些抗日救亡团体开会、作报告，调查了解情况。一些工人、农民、老师、军官也常来电话局找她。因电话局的隔壁就是县警察局，她的活动引起了他们的注意，便找电话局了解。电话局的人回答：年轻人合得来，在一起讨论、读书、抗日。工人们设法保护章蕴，尽力帮助章蕴，经常为她代班，让她腾出更多的时间来做群众工作。主任也照顾她，安排她在一间只有一个小窗口对外的小房子里卖票，让外来的人不便轻易见到她。

章蕴并没有被苦难击垮，为了革命，她把血和泪埋在心底。在后来的革命历程中，她把对丈夫、对孩子的小爱化作对战士、对群众的大爱。

1941 年 11 月，为了适应华中抗日斗争形势的需要，章蕴任苏中区第二区地委书记，负责东台、泰东、兴化等三个县的县委工作。据新四军女战士方连回忆，当时在敌人扫荡频繁的环境下，地方机关对刚从大城市来的年轻学生留在机关工作有顾虑，担心敌人一来，他们会成为负担。但章蕴却把年轻人留在身边工作，对他们耐心培养、大胆任用，爱护备至，使方连等几个女同志在她身边工作，就像在妈妈身边一样。不知不觉，方连等人就对她叫起“妈妈同志”来了。其实章蕴那时也不过30多岁，但这个亲昵的称呼与年龄无关，而是包含着同志们对章蕴的敬爱。

中华人民共和国成立后，章蕴历任中央妇委第三书记兼全国妇联秘书长，全国妇联副主席、党组副书记等职。在妇女工作中，她反复强调要坚决贯彻执行党的路线、方针、政策，改进工作作风，深入基层，深入群众，而且身体力行，率先垂范。

当年，李耘生在雨花台牺牲之前，曾经托人给章蕴带去遗言：“过去百千斤的担子两人分担，以后这担子只好由你一个人来挑了。”多年之后，当章蕴终于来到雨花台祭拜丈夫时，她一连写下四首《如梦令》。

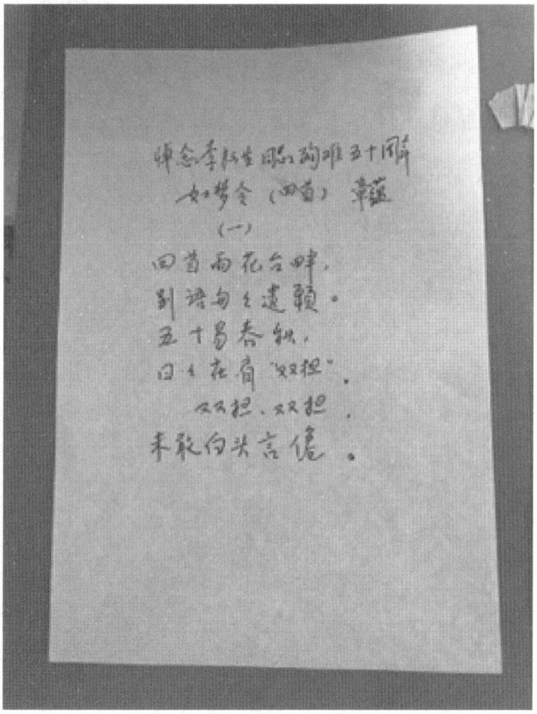

章蕴纪念李耘生的四首《如梦令》之一：回首雨花台畔，别语匆匆遗愿。五十易春秋，日日在肩“双担”。双担，双担，未敢白头言倦。

“我跟母亲去过两次雨花台。第一次，在父亲的遗像前，妈妈说过一句话：‘你爸爸永远年轻，永远是照片上的样子。’第二次，是在父亲牺牲50周年那年，我跟母亲一块儿去的雨花台，同去的还有我嫂子。母亲还特别写下四首《如梦令》来纪念父亲。母亲从来没有因为讲父亲的事情掉过眼泪或痛哭。可那一次，母亲从雨花台回到招待所后，再也控制不住自己，失声痛哭。我从来没有见过母亲这么哭过。她把几十年来对我父亲的怀念深深地埋在心底，这次爆发出来了。我们紧紧地抱住母亲，心却撕心裂肺地痛。这两次，我们记得很清楚。

章蕴到雨花台拜祭李耘生

“很多东西，现在讲来感觉很后悔。我在苏联学习的时候，母亲经常给我写信，写得都很好，但是信我却没留下来。她在信中总是鼓励我们要好好学习，讲当时的形势，国家需要大批建设人才；讲要怎么好好学习，要怎么对待同志，要怎么团结群众，都是这样地教导我。我们那时想的是全心全意为人民服务，为党的事业好好学习，一心一意地在那里学技术。我是1953年入的党，到现在也算是个老共产党员了。60多年了，在心里想的是党的事业，全心全意为人民服务，没有别的东西。

“母亲给我讲的一些事情，我到现在都是刻骨铭心的。她给我讲怎么加强党性教育。她说孔子讲过一句话：六十而耳顺，七十而从心所欲，不逾矩。一个共产党员能做到‘从心所欲，不逾矩’该多好。她指的这个‘不逾矩’就是党的规矩、党的利益、党的纪律。她对党真是无限忠诚。她卧床不起时还在关心党的廉政

退休后，杜早力开始撰写回忆父母的文章

建设，写报告反映情况，几次突发心绞痛住院急救。一直到临终前，她最后关心的问题却是扶贫。她说，她要是身体好，就去全国各地调查：为什么有那么多地方仍然贫困？在南京，就是到雨花台纪念父亲牺牲50周年那次，她的腿疼得没有办法睡觉，自己起来在澡盆里泡热水浴，第二天再继续工作。她耳朵也不太好，就拿一个本子，哪个同志要发言，就坐在她边上。他讲，她就记，亲眼见，亲耳闻，真正让我懂得什么是忠诚，什么是生命不息、战斗不止，什么是鞠躬尽瘁、死而后已。这两句话对她来说真的是很确切。母亲的榜样力量是无穷的。”

1983年底，章蕴被中共中央整党工作指导委员会指派为中央机关整党工作指导小组组长。她不顾年迈多病，以高度的政治责任感，为恢复和发扬党的优良传统，为探索新时期党的建设而尽心竭力地工作，先后发表了《严格要求自己，欢迎群众监督》《增强党性，争取党风根本好转》《关于京、津、鲁三省市部分整党试点的调查报告》《在整党中发扬党的优良传统，大兴批评与自我批评之风》《增强党性，克服派性》《全面提高党员素质是党风根本好转的坚实基础》等重要文稿和调查报告，并汇编成《章蕴谈党的建设》一书，成为党员学习的重要资料。

“母亲在组织部专门从事纠正冤假错案的工作。由于她办事雷厉风行，而且解决问题公正，名声大噪，大家都来找她。一天到晚，门庭若市。那段时间，她还写了很多文章。母亲去世以后，全国妇联将她参加革命工作以来的文章和报告编成书，还编了一本回忆录，都是同志们写的——母亲生前不让人家给她写传记。”

之后，章蕴成为中共第八届中央委员会候补委员，中共十二大、十三大和十四大主席团成员，全国人民代表大会第一届、第二届代表，全国政协第一届委员和第二届、第三届、第五届常委。1995年10月25日，章蕴在北京逝世，终年90岁。

“我最近一次去雨花台是2012年，也是父亲牺牲80周年那一年。我们全家都去了，我把三个孩子也带去了。我也没有更多的豪言壮语，很平凡，但是父母的精神铭刻在我心里。我觉得，体现在父亲、母亲身上的，

摄制组在北京采访杜早力女士并与老人合影

是对党的无限忠诚，一心一意为劳苦大众谋福利的精神。他们这一代人，鞠躬尽瘁、死而后已，为的是伟大的共产主义理想，希望建立一个理想的社会，让国家强大、人民幸福，就这么一个宗旨。所以，他们所做的一切都是由信仰的力量在支撑着。”

（由南京市雨花台烈士陵园管理局及杜早力女士提供相关资料）

闽西人民的好儿子

沈仲文

沈仲文（1918—1993），男，汉族，出生于福建省永定县。1932年3月参加中国工农红军，1935年5月加入中国共产党。曾任福州军区炮兵司令员、福州军区司令部副兵团职顾问。

☆荣获三级“八一勋章”

☆荣获三级“独立自由勋章”

☆荣获二级“解放勋章”

☆荣获二级“红星功勋荣誉章”

从此，队伍里多了一个浓眉大眼的“红小鬼”

沈仲文的童年是苦难的：他出生那年，父亲因病去世，母亲带着三个孩子靠租种地主的薄田生活。他亲眼看到地主对母亲的百般刁难和毒打，这些苦难深深地烙印在幼小的沈仲文心里，加深了他对旧社会的仇恨。随着年龄的增长，他听说工农红军专为穷人打抱不平，为穷人做主。从此，他便一边在裁缝店当学徒，一边寻找红军。

1932 年初，红军准备攻打漳州，年仅 14 岁的沈仲文知道这个消息后，孤身一人离开家乡，毅然投奔了红军。部队领导看他稚气未脱，劝他过两年再来当红军。沈仲文急了，向红军讲述了自己悲惨的经历。看到衣不蔽体的沈仲文脸上的坚毅，部队领导产生了恻隐之心，破格批准了沈仲文参加红军的请求。就这样，还没有枪高的沈仲文加入了红军队伍。从此，队伍里多了一个浓眉大眼的“红小鬼”。

1932 年 4 月，为了粉碎敌人的第四次“围剿”，打破敌人对中央苏区的经济封锁，中央决定向外扩大革命根据地，并由毛泽东同志亲自率领由红一军团的第三军、第四军和红五军团的第十五军共近万人组成的东路军，挥戈东征物产富庶的闽南。

早年投身革命军队的沈仲文

沈仲文所在的饶和浦游击队奉命配合东路军攻打漳州。漳州当时被国民党第四十九师所占，中将师长张贞出身于保定陆军军官学校，是福建的主要军阀之一，同时兼任所谓的“闽西剿匪司令”，下辖八个团，人数近万，武器装备精良。而我军的武器极为简陋，大约有三分之一的人没有枪，只能拿着残旧的“土家伙”作战。

这是沈仲文投身革命队伍后参加的第一次大型战斗，而且还是配合主力红军作战，所以年仅 14 岁的他心里既紧张又兴奋，但绝没有一丝一毫的恐惧。在战场上，身体瘦弱的他紧握手中的梭镖跟大家一起争先恐后地往前冲，并为战士们收集死伤敌人的枪支弹药。在这次战役中，沈仲文虽然年纪小，却表现得尤为英勇顽强，特别突出，被称赞为“英雄少年”。

在二万五千里长征途中，身为卫生队卫生员的沈仲文常常把自己的干粮分给战友；过草地时，他常走在最后，保护伤员。长征途中，沈仲文还是个“扩红”模范，队伍每到一处，他都会不顾劳累，拿起锣鼓边跳边唱，宣传我军“扩红”政策，为部队扩充了不少战士，有时一天就增加 100 多人。

“党中央和全国人民都在盼望八路军第一个捷报”

抗日战争爆发后，红一军团一师改编为八路军一一五师独立团，沈仲文任独立团青年科干事。不少战士对工农红军改为国民革命军，尤其要彻底换装，戴上“青天白日”帽徽，思想上相当抵触。年仅 19 岁的沈仲文较快地领悟了党中央的战略决策精神，对战士们进行了细致的宣传教育工作，让大家认识到当前的主要危险是日寇侵华，当以民族利益为重，奋力抗日救国，换装不会改变红军为人民服务的初衷。

八路军一一五师不但是八路军编制上的第一师，也是八路军中最先从陕北出发，渡过黄河，第一个与日军交战的师。1937 年 9 月，一一五师发起了震撼全国的平型关战役。独立团的任务是深入敌后，切断日军从涞源至灵邱和广灵至灵邱的公路运输线，阻击涞源、广灵两个方向的日军援兵，它关系到平型关之战的成败。独立团深入敌后打援是一场恶战。“这一仗必须打胜，打败了或者打个平手都不行！党中央和全国人民都在盼望八路军第一个捷报！”

战斗打响后，独立团面对的是日军两个联队，兵力超过我军数倍。最早侵华的日军大都经过严格训练，武器精良，侵华以来轻易打败过国民党军队，傲气十足。我军虽然装备很差，但满怀民族仇恨，士气正旺。两军交手，反复搏杀，浴血恶战，战况十分惨烈。独立团一连和三连减员过半，有的班排战士全部阵亡。战斗中，沈仲文鼓励战士奋勇杀敌，要不惧牺牲，死死顶住敌人，决不后退一步。经过激战，独立团终于胜利完成任务，抗日首战击毙日军300余人，缴获许多枪弹和其他军用物资。接着，独立团又乘胜接连收复了灵邱、广灵、涞源、蔚县等县城和广大地区。随后，团政治处派出沈仲文等干部，配合各部队掀起了轰轰烈烈的抗日救亡运动。

1938年，一一五师成立了晋察冀军区，沈仲文担任晋察冀一分区独立骑兵营指导员。由于条件所限，骑兵营缺少马匹，沈仲文带领十几个战士潜入敌人驻地偷马，被发现后，敌人疯狂地向小分队射击，一颗子弹击中了沈仲文的右腿。由于当时医药匮乏，按照常规必须截肢才能保住性命。沈仲文断然拒绝："不能截去我的腿，没有腿我还如何打仗?"后来，分区领导请来了白求恩大夫，在没有麻药的情况下，白求恩大夫用娴熟的手法将沈仲文弯曲的右腿拉直了，沈仲文终于又可以站起来了。

戎马一生的沈仲文

"你这样一位刚强的红军丈夫给了我勇气和力量"

1943年12月31日，我在延安党校杨家岭窑洞里与"梅"结为了夫妻，这是我一生最难忘的日子。从那时起，我们共度过了50个春秋，"梅"是我的好战友、好妻子，也是孩子们的好母亲。

——沈仲文

记日记，是沈仲文于长征途中养成的习惯，以上文字记录在他晚年的日记中。沈仲文痴梅，而他最爱的"梅"是妻子李森，原名李玉梅。小儿子沈沉说，父亲如此爱梅，除了梅本身象征坚毅的气节外，主要缘于他的夫人。沈仲文心中，妻子的勇敢如梅一样傲风斗雪，心灵如梅一般美丽，品格如梅一样高风亮节。李森，就是他生命中永远绽放的一枝梅。

平型关战役后的第四年，李玉梅在地下党员父亲的引导下，加入了抗日组织，扔掉了束缚她成长的裹脚布。为保护家人，李玉梅改名李森，并任灵丘县第二区委会妇女部长。一个傍晚，李森受命带着十几名女自卫队员去切断敌人的汽车要道。敌人发现了她们，并向她们射击，一颗子弹击中李森的左脸。李森被送往晋察冀军区野战医院治疗，残留脸颊的子弹被取了出来，脸上却永远留下疤痕。

我被你的执着打动。你不嫌弃我脸上的疤，说这是光荣的，让我从内心对你产生了敬意。你那憨厚朴实和亲切的面容给了我温暖，你的真情给了我一个女人的自信。从你身上，我感受到了红军的品德。

——李森

经过四个多月的跋涉，李森一行人抵达延安。此时的延安正在党中央的号召下开展大生产运动。李森加入了中央党校被服厂，因表现出色，被评为“劳动模范”和“特等功臣”，一时成为名人，事迹上了报纸，也打动了在中央党校学习的沈仲文。

沈仲文带着报纸去找李森求婚，但两次登门均被拒绝。脸上的疤和没有文化让李森耿耿于怀，甚至想过一辈子都不结婚。可是，战争年代的军人，谁又没有留下过疤呢？沈仲文告诉李森：“我在灵丘打鬼子负过伤。如果不是因为白求恩大夫，右腿可能已经截肢了。我还可以教你认字。”沈仲文的战斗经历让李森觉得他不简单，在时任中央党校副校长彭真的撮合下，沈仲文和李森在窑洞里结为革命伴侣。

相濡以沫 50 年的革命伴侣

婚后有一段时间，沈仲文参加了业余男子纺线班，在李森的指导下，他的技术提高很快，时常超额完成任务。按照当时的规定，超额完成部分可以当作个人生活经济补贴。沈仲文揣着攒下的钱跑到延安新市场扯了一块布，做了一件列宁服送给李森。

> 我之所以能在枪林弹雨中与你并肩作战，是因为有你这样一位刚强的红军丈夫给了我勇气和力量，你是我的好战友。
>
> ——李森

1945 年 11 月，东北人民自治军开始了对土匪的大规模清剿。沈仲文夫妇也于当年秋被选调至东北，部队所在地区附近有土匪近万名，以绰号“花蝴蝶”“一枝花”“青山豪”为首的匪帮是主要的“绺子”。后来，由于剿匪斗争的需要，沈仲文受命在嫩江组建骑兵团并担任政委，李森被分区领导任命为团部指导员。

广西剿匪是沈仲文一生难忘的岁月

1947 年初夏，已经怀有身孕的李森单独率队执行任务，她机智英勇，亲手击毙了女匪首“花蝴蝶”。迎接她的是三等功荣誉，接受荣誉时，李森抚摸着她的坐骑“大凤尾”说：“这功劳有你的一半！孩子保住了，也是你的功劳。”“大凤尾”是沈仲文精心挑选送给李森的马。沈仲文说：“骑兵团的人不会骑马，叫什么骑兵!?”于是，“大凤尾”成了李森最好的战友之一，也成了女儿沈曼丽的摇篮。沈曼丽就是李森在马背上用布带裹着的肚子里的孩子。后来，李森给她起了个小名——骑凤。

中华人民共和国成立后，夫妻二人在广西柳州再度并肩剿匪。而李森所创造的“一支青霉素劝降百名土匪”的故事更是其中佳话。“当时得到情报，一个想自首却又对我军政策怀有顾虑的土匪头子因孩子患病，从山中偷偷回到家里，我就立即做了安排。”李森让卫生员带上医药箱，自己则抱起出生没多久的长子志群，赶往匪首家中，没带任何武器。“到了他家，我们帮他孩子打了一针，并喂了药。”这一切比任何言语都有说服力。匪首被打动了，在自首的同时，还劝服两大股土匪投诚。

多年以后，沈仲文在日记中这样写道：“广西剿匪是我们并肩作战的最后一次战斗。在我们戎马生涯中，这是我们十分珍惜并怀念的岁月。”

“我们的队伍又回来了”

1949 年底，在广西剿匪时，具有“英雄团”称号的四三六团进驻土匪猖獗之地——柳州。沈仲文被调任该团团长。沈仲文深知，为了尽快剿清土匪，为民除害，依靠和发动群众是头等大事。沈仲文翻山越岭，走村穿巷，了解民情，获取了大量情报资料。由于过度劳累，抗战时期负过重伤的腿又犯病了，他的脚上长了疮，常常痛得大汗淋漓，但他仍然坚持访贫问苦。他常对战士们说：“群众发动起来了，我们才能有‘千里眼’‘顺风耳’，才能取得胜利。”老百姓都看得出来，红军是真正为百姓出头的队伍。有一次去西南村，有一位老太太对他说：“活了 60 多岁了，从没有看见这么好的军队。”一位苗族老伯知道沈仲文是红军时，说：“我们的队伍回来了！”这位老人还将珍藏了多年的红军时期的布告拿了出来。看着这些对地主和土匪恨之入骨，希望共产党、解放军为他们撑腰的百姓，沈仲文深深感到，群众的这种愿望和呼声正是他们开展工作的基础，同时也增强了圆满完成剿匪任务的信心。经过一段时间的努力，为全面剿匪打下了良好的基础。

一身戎装，意气风发

1950年11月，四三六团开始实施一次重要的清剿行动。沈仲文率领部队，采取远程奔袭、合围聚歼战术，连夜分两路对匪首韦代煊、韦铁两股势力实施包围。两路部队发起攻击，穿插强攻紧密结合，政治攻势积极配合，全体指战员个个争先。经过几番较量，土匪连遭重创，我军包围圈不断缩小，把众匪围了个水泄不通。“二韦”几次组织突围都告失败，见大势已去，只好先后缴械投降。此仗全歼土匪近3000人，俘获众多匪首，在桂中残余土匪中起到了巨大震撼和瓦解作用。

1951年3月中旬，四三六团奉命从柳江移师融县，配合兄弟部队对大苗山的盘踞土匪进行大规模围剿作战。沈仲文此时兼任融县剿匪指挥部指挥长。四三六团歼匪近万，活捉了“湘桂黔反共救国军”总司令林茂权等重要匪首，处决该犯人时柳州万人空巷，群众欢声雷动。

从1950年初进驻柳州起，四三六团在桂中地区共歼匪约2万人，使桂中匪患基本消除，历时18个月的剿匪至此胜利结束。

“要有一股子干不完工作睡不好觉、不完成任务决不下战场的劲头”

1972年2月，沈仲文调任江西省军区副司令员，并担任中共江西省委常委，“二一四”工程副总指挥、党委副书记。在此后6年中，他继续保持当年那股劲，倾情投入国防建设和江西省民兵建设中，付出了大量心血，建树颇多。

“二一四”工程是经毛主席、周总理亲自批准建设的大型国防工程，意义重大。沈仲文任工程副总指挥、党委副书记，他把工程建设视作一场攻坚战，煞费苦心。他不顾年近花甲，经常翻山越岭，进行实地踏勘调研，检查督促，提出建设方案与措施。他在党委会上强调：“要有一股子干不完工作睡不好觉、不完成任务决不下战场的劲头，千方百计地完成基建任务。”工程总指挥部采取集中主要力量打歼灭战的方法，组织了三次施工大会战。在短短的2年内，基本完成生产性建筑的主体结构。

作为江西省军区副司令员，沈仲文分管民兵工作。江西省民兵建设是福建前线海防建设的组成部分，但在“文革”中遭到严重破坏，民兵组织涣散，思想混乱。沈仲文怀着对江西老区人民特有的深情，经常深入到县、公社人民武装部和人民群众中，进行拥政爱民教育。他调研解难，同民兵一道摸爬滚打，一道下田生产。他还亲自做好民兵家属工作，无微不至。他经常向民兵们讲述当年苏区革命斗争历史和生动事例，鼓励民兵继承和发扬我党我军的光荣传统和优良作风，做好榜样。

沈仲文注意抓典型、树榜样，带动全局。他先后到德安县等三个县市蹲点，一蹲就是几个月。当他风尘仆仆归家时，又瘦又黑。夫人李森心疼地说：“这又不是打仗拼命。”沈仲文说：“比过去打仗更难啊！以前敌人明确，现在矛盾复杂，我是脱了一层皮了。”从中也流露出他对“四人帮”倒行逆施的憎恶。由于沈仲文正气凛然，善于带兵，深入群众，使江西省民兵建设面貌焕然一新。

将军风范，浩气长存

1978 年 2 月，沈仲文调任原福州军区炮兵司令员，他本想全家一起悄悄离开。但是临行之时，近千名军民自发涌向火车站，挥泪送行，场面真挚感人，成为一段佳话。

“我想念家乡父老乡亲，将来我要叶落归根”

沈仲文晚年常说的三句话是：“我思念战友和朋友们，与他们在一起，我的病就会好。”“我打了一辈子的仗，我希望世界和平，盼望祖国早日统一。”“我想念家乡父老乡亲，将来我要叶落归根。”

沈仲文钟情故土，为民解忧。20 世纪 70 年代初，沈仲文和夫人再次回到故乡，看到一群孩子只能在非常简陋的条件下读书，一旦下雨就只能放学回家。这一幕深深刺痛了沈仲文的心。他多次找到当时主管教育的陈明义副省长，向他反映湖山的教育窘况。陈明义同志被深深地感动了，特地批拨了 14 万元用于建设湖山中学和里佳小学教学楼，结束了当地“太阳学校”的历史。

1972 年，湖山乡还没有一条像样的公路，物资交流、信息传递都跟不上。湖山乡领导向上级提请修建“洋湖（下洋至湖山）公路”，沈仲文全力支持公路建设事宜，并通过多种渠道向省里有关部门领导反映情况。在他的奔走下，湖山乡第一条公路得以顺利建成。

沈仲文和他的一家人

1987 年，湖山乡领导向沈仲文汇报了重修赛华至三莱洲公路缺少资金的情况。当时已 70 岁高龄的沈仲文在老伴的陪伴下，拖着伤腿，一瘸一拐地到省有关部门争取资金，最终在省老区办争取到了 6 万元修路资金。1988 年，为了帮助家乡摆脱贫困，让老乡们更快地富裕起来，在沈仲文的努力下，福建省科委给他们投资了近 100 万元，用于大规模栽培名贵药材巴戟天。

李森晚年还关心丈夫家乡的乡亲

沈仲文离休后，仍然十分关心党和国家的前途和命运，为军队的建设献计献策。为教育后代，他提供了大量的革命战争史料。他把离休后的大部分时间和精力都用在了提供资料和撰稿上。他前后写的文章有：《攻克漳州》《忆少共国际师》《我们的师长彭绍辉》《从闽西到陕北》《战斗记录》《剿匪笔记》《柳江县打开局面的几个环节》《苗胞热爱红军》《炮兵怎样才能打得准》等。在那些文章中，他几乎不描述自己的战功，展现的都是领导和战友的功绩。

1993 年初，沈仲文病重。他再三交代老伴，要替他多回家乡看看，要尽力帮助乡亲们解决一些实际困难。最后，他又拿出自己的全部积蓄 3000 元，捐给了里佳小学。

1993 年 1 月，沈仲文在福州逝世。战争在他身上留下了十几处枪伤，有一颗弹头一直留在他的颈椎里。在 60 余年的革命生涯中，沈仲文始终忠诚于共产主义事业，他的革命精神、崇高品德和优秀的指挥才能，永远值得我们怀念和学习。

（由沈仲文之子沈沉提供相关资料）

一生传奇　功勋赫赫

黄旭华

黄旭华，男，汉族，1926年3月12日出生于广东省海丰县（今汕尾市田墘街道），祖籍广东揭阳。1949年毕业于上海交通大学船舶制造专业，1994年当选为中国工程院院士，曾任中国船舶重工集团公司第七一九研究所所长、代理党委书记，核潜艇工程副总设计师、总设计师等职务。他为中国核潜艇事业的发展作出了杰出贡献。

☆1985年、1996年，两度荣获“国家科学技术进步奖”特等奖

☆1989年，被授予“全国先进工作者”荣誉称号

☆2013年，获评“感动中国2013年度十大人物”

☆2017年11月9日，荣获“第六届全国道德模范敬业奉献奖”

☆2019年9月，获颁“共和国勋章”

☆2020年1月10日，荣获“国家最高科学技术奖”

不可语人的两段“深潜”生涯

在业内人的眼中，黄旭华不仅名气大、威望高，而且成名很早。然而，大多数人了解他的名字和事迹，则是从他获得中央电视台“感动中国2013年度十大人物”称号开始的。细心人会问，黄旭华为什么在年近90岁，而不是在他事业成就达到高峰的青壮年时期出名？这和他所从事的工作性质有关。

核潜艇究竟有多重要？用黄旭华的话来说：直到1955年美国舡鱼号诞生前，人类并没有制造出真正的潜艇。常规潜艇也就是像人潜泳一样，吸口气，一个猛子扎下去，用电瓶航行一段时间后就要浮上来透口气。只有核潜艇，才可连续几个月在水下环行全球；如果再配上洲际导弹与核弹头，不仅可构成第一次核打击的力量，而且可以作为第二次核报复的手段。有了它，敌人就不敢向你发动核战争，除非他愿意同归于尽。因此，导弹核潜艇也被认为是“世界和平的保卫者”。

核潜艇，世界和平的保卫者

黄旭华被选中搞核潜艇，是因为他有1949年毕业于上海交通大学船舶制造专业的学历，还有曾搞了几年仿制苏式常规潜艇的经历。但是，一个能造小木屋的木匠别说造不了摩天大楼，就连大楼长什么样子都没见过。当初，不知谁从哪儿弄来了一个外国核潜艇模型，几十厘米长，让黄旭华和同事们高兴坏了，就像达尔文发现了一个新物种一样。他们对模型进行了多次拆解和组装，并阅读了不少有关核潜艇的高深学术论文，还看到过几张核潜艇的照片。可是，在当时，无论在国外还是国内，核潜艇都是属于最高机密的东西。母亲或许说不清她孕育宝宝的过程，但黄旭华十分清楚他们“孕育”出核潜艇的每一个细节，其中一定充满着与困难、勇气、智慧和辛勤劳动相关的、超乎想象的故事——可惜，这些却都是他不能讲述的故事，理由很简单：保密。

一般的科学家可以公开进行学术交流，公开提出自己的课题，有了成果就要抓紧时间公开发表，而黄旭华只能在封闭的小圈子里和同事们秘密交流，秘密地搞课题研究，越是有了成果，越把自己藏得更深。他就像一艘核潜艇，一头扎进了科学研究和试验的大海里，一潜就是自己的后半生。在被问及是怎么适应这种特殊的科研生活、有没有心理障碍时，他的回答有点让人出乎意料："没有，我一开始就很适应。"

学生时代的黄旭华

黄旭华为什么对秘密使命有一种天然的适应能力？这就要归因于他20世纪40年代末在上海交通大学读书时的另一段隐秘的传奇经历了……

那时候，同学们对他的印象是"爱冲凉的广东佬，爱喝稀饭吃红薯的穷学生"。为了赚取学费，黄旭华一边上学，还得一边去当家庭教师。他爱唱歌，会吹口琴，吹得还有点水平，仅此而已。同学们没有留意到的是：1947年去南京请愿的"护校"运动中有他，几次遭到国民党军警镇压的"反饥饿、反内战"游行中有他，机智掩护国民党特务拘捕对象的有他——当年这位被营救的人士就是黄旭华的同屋，后来大名鼎鼎的郑州工学院（现郑州大学）院长厉良辅。这段传奇故事早已被世人传为佳话。

在上海交通大学，只有一个人知道黄旭华是中共地下党员，就是同他单线联系的同志。即便是同班级，地下党员之间相互都不知情。

"无论是地下党工作，还是核潜艇研制，都是党交给的任务。"黄旭华谈起自己的两段特殊体历时说："秘密工作虽然因不可告人而显得有点憋屈，但其中的神秘、惊险和刺激，以及成功所带来的巨大成就感，总会激发人全身心地投入，充满了奇妙的乐趣。”

最美的几何形状是水滴

如果问什么样的几何形状最美？黄旭华会毫不犹豫地回答：“水滴形！”

黄旭华他们最初有过一个基本构想，认为所谓核潜艇就是把常规潜艇分成两半，中间加一个核电站。后来，随着研究的不断深入，才逐渐明白：核潜艇完全是另一种性质的潜艇，而不是基于常规潜艇的某种拼接或改良。

高速航行于300米以下深水域的核潜艇，不能再用常规潜艇的流线型，而必须采用水滴型，这种外形的每个切面都是圆的，与水的摩擦最小，而且在深水中的稳定性也最好。黄旭华和他的同事们为这个水滴形贡献了海量的智慧，所以这个形状深得他的偏爱。

美国人研制核动力水滴线型潜艇经历了三个阶段——常规动力水滴线型、核动力常规线型、核动力水滴线型，完成了三级跳。苏联人跳的步数更多，差不多是五级、六级跳。按常理，我国的工业技术落后，技术力量薄弱，应经历更多级才能跳到核动力水滴线型。可是，黄旭华这位总设计师把它变成一级跳，把核动力直接装进水滴线型艇身内试航，而且一试就成功了！

这是因为中国人比美国人、苏联人更聪明吗？不是的。“美国人第一个搞核动力潜艇，第一个改常规线型为水滴线型，因为最初他们根本不知道这条路能否走通，人家分三步跳是合乎道理的，科学的，有其必然性的。我们搞时，已经知道了核动力水滴型是可行的，何必还要分三步走呢？这就好比一位侦察兵，走了许多弯路，找到了最终的目标，回来给你画了一条最近的路线图，你为什么还要按侦察兵走过的原路去再走一遍呢？”黄旭华说。

把复杂的事情简单化，是黄旭华惯用的思维。他的同事们经常听到他一个“老生常谈”的观点：“现代，尖端通常不过是常规的组合，别把尖端神奇化。美国的北极星导弹和阿波罗登月飞船的技术没有一项是新技术，全是现有的常规技术的综合——综合就是创造。”

参悟到这一点，就意味着一切貌似只有常规技术的地方，也存在着经过综合而成为尖端技术的可能。潜艇上要用压缩空气瓶，据资料显示，外国能达到400千克/平方厘米的新水平，其中关键的新技术是解决压燃问题，而这一技术不是一年半载能攻下的。黄旭华拍板，用现成的、常规的技术进行综合，同样达到了设计要求。

在对海外论文去伪存真的过程中，黄旭华同样深有心得。例如有篇文章说，为了保证水下发射的命中率精度，对艇的平稳性有很高的要求，因此必须装设重达10多吨的大陀螺，这东西我国生产不了，又多了个攻关难题。虽然从试验中得到的大量数据表明不需要这个陀螺，但很难让人下决心。要拍板时，就有装和不装的激烈论争。黄旭华想：我们是独立研究，不是比葫芦画瓢式的抄袭。他毅然拍板，定了方案：不装。后来得到的资料表明，外国人也没装！

黄旭华和他的团队用数十年的身体力行，很好地体现了既虚心好学又自主自信、既藐视困难又尊重科学、既照章办事又不拘常规的中国特色科学家风骨。

有爱、有花、有歌的家

除了保密的约束外，核潜艇研制是个天文数字工作量的宏伟事业。作为总设计师，黄旭华身上的担子是超负荷的。在快节奏、超负荷工作十分常见的日本，就有一种有名的、难治的“应激征”，这是一种现代发达社会才有的“世纪病”。黄旭华没有这种病，因为他营造了两个有爱、有花、有歌的家庭：一个是有妻子、儿女、父母和兄弟姐妹的小家庭，一个是研发团队这个大家庭。

对近些年媒体给出的“核潜艇之父”这一称号，黄旭华是不接受的。他从来不会贪天之功，总是强调团队的力量和贡献。他说，如果一定要给

黄旭华与夫人李世英

这个工程找出“父亲”的话，彭士禄同志才能担得起，因为他解决了核堆的问题。“我不懂核，彭士禄不懂船，我们就来个软科学综合。我们派出200多人，到陆地上，在彭士禄先生那里‘种菜’。‘地’是人家的，‘菜籽’是人家的，我们只是按总体要求去‘种菜’。终于有一天，我们的陆堆超过了临界，成功了！”合作才是成功的前提，黄旭华始终认为，广义而言，所有参加这个工程的人员都是导弹核潜艇的创造者。

黄旭华给同事们的印象既可亲又可敬，他平时有说有笑，晚会上还为大家吹口琴，甚至还能唱首《月朦胧，鸟朦胧》这样的流行歌曲。人们都说他像一艘核潜艇，浮上水面，就是大海中一滴温柔的水滴。

有一桩佚事，可以说明黄旭华是如何维护同事的利益，自己却淡泊名利的：身为总设计师，黄旭华在单位评技术职称时不申报“高级工程师”，把历次机会都让给了下级。直到20世纪80年代末，上级部门出于关心和爱护，才在他未申请的情况下，硬是给他“评”了个“高级工程师”。

黄旭华与李世英的婚礼合影

在复杂的人际关系中，有时诚挚，有时违心，会让人出现一种人格的断层。或许，在有爱、有花、有歌的小天地里，他才可以尽快平复不平的内心。黄旭华说过：“不管工作中有多少不顺心，一进家门，只要唱起了歌，看到了花，我就进入看淡世事的审美境界了。”

幸福和谐的一家人

文武之道，有张有弛。几十年忙于秘密使命，让黄旭华很少有机会回家。就算回来了，也说不定什么时候就打来个电话，把他叫走了。在短短的家庭团聚时间里，他很想帮妻子世英做点什么，可是厨房里的事他一窍不通，帮不上忙。幸好他 9 岁起就在外地住读，会洗衣服，就发挥这个特长，全家衣服全由他包了。即使有了洗衣机，他也只用洗衣机洗床单、被子等大件，衣服还是亲自手洗。不是他迂腐，而是为了还“感情债”。后来，他开动科研的头脑，又找到了买菜的窍门：到了菜市场，先暗中找一个看上去和世英层次差不多、很精通家务的人，人家买什么，他跟着买什么。这样一来，他买回来的菜，妻子果然满意！

黄旭华和兄弟姐妹们都很亲，其中跟他最亲的是二哥。在黄旭华只有四五岁的时候，二哥到位于田墘的树基小学去上学，总是悄悄带他去陪读。这是由基督教会设立的一所小学，而黄旭华的母亲也是一名基督徒。黄旭华非常爱听那里的老师讲课，而且一听就记住了。时隔多年之后，有一次，黄旭华回老家看望母亲。临别时，98 岁的老母送了他一本《圣经》，还唱了一首圣歌为他送行。母亲对他一生的慈爱，连同当时送别的歌声，像录像一样深深地印在黄旭华的脑海里。这是一段最美的录像——在出差途中从飞机上远望舷窗外的白云时，在忙碌一天之后的睡梦中，“母亲和她的歌”这段录像，连同世英、孩子们的身影，还有他心爱的核潜艇的形象，时常会闪现在黄旭华的脑海里，使时间凝固，让快乐永恒。

黄旭华疏于顾家，却收获了来自家庭的满满的爱。一位记者问黄旭华的三子“你爸爸有什么缺点”时，他说：“我觉得我的爸爸没缺点，尽管我知道列宁说过‘世上不存在没缺点的人’！”就算在“文革”中，黄旭华被打成“特务”去养猪时，大女儿上学回来后，还一边帮爸爸清猪圈一边对爸爸说：“爸爸，你是好人，大好人。”

是的，亲人们虽然不知他具体在干什么，但能凭直觉断定他在干好事，干大好事，这种信念不需要逻辑推理。世英开玩笑地说：“家里人不但能够谅解你没有协调好工作和家庭，而且加倍地给你他们的爱。你这个人，就是命好！”

不会做生意的“潮汕佬”

都知道潮汕人会做生意，有经商的头脑，然而潮汕人黄旭华对生意却是一窍不通。改革开放以后，为了加快我国的“四个现代化建设”，军队在和平时期培养两用人才，即国防工业兼生产民品，国防科研兼搞民用科研，当然是正确的。像黄旭华所在的科研单位，上边拨下来的经费只够发工资，其他开支都要自理。这让黄旭华这个所长感到越来越不称职了。

深潜试验胜利归来

说到当时的处境和思想经历，黄旭华回忆说：“我没有现代商业、企业的知识，几乎是白丁，连小菜都买不好，哪会领导承包项目？那年去家乡谈项目，回来搞了许多方案拿了去，结果石沉大海。想来还有点幽默：我本出生在一个做生意的地方，却从来未与商业打过交道，毕生搞了核潜艇。现在，九九归原，六十花甲又要学经商了！学得会吗？不错，自筹经费的制度可以打破铁饭碗。我们多年来也确实有这个弊病，多少年不出成果的人，照样发工资，一分不少。科研的实报实销也是浪费惊人，自己去赚经费，就知道痛惜了，不干活而还想伸手要级别待遇的人也伸不出手了。这也许是个改革方向，应该支持。”

黄旭华动员全所“八仙过海，各显神通”。所里的确有不少能人，每

一生传奇黄旭华

年从地方承包不少项目，还开了饭店、旅店和劳动服务公司，一年赚了上百万元。这不是大好事吗？可是，黄旭华还有一个困惑："不言而喻，我们所高级人才密集。每年大学生、研究生分配时，让我们挑最好的尖子，这些人才也曾为核潜艇作出过重大贡献。现在怎么才能找到既赚钱而又适合他们干的民用科技项目？例如，我们费了九牛二虎之力，只是拉来了为某省承包内河的汽车轮渡船、为某省搞渔船的项目，这全是杀鸡用牛刀。近来，还承包了一个小火力发电站的项目，但是我们的人不懂土建，还得从头学。万不得已，我们的高级通信人才还得去装配卖得紧俏的电子琴。还有过科技人员为出版社抄写信封的事呢！人的盲肠就是因为弃而不用太久而退化的，如果我们的高级人才总是搞低智能劳动，前景会不会像盲肠？我这当所长的，怎么能心安？怎么对得起这些精英？我们国家人才奇缺，但是在我这儿又是大材小用，想大材大用又找不到门路，这可怎么办？我没有查这方面的资料，不知道在美国、英国、法国这些商业高度发达的国家，他们搞国防尖端科研的是否也要自筹资金？"

黄旭华好像陷入了多维心理，钻进了由多元价值判断构筑的精神迷宫。这些困惑也是改革开放过程中许多人都曾经经历过的——也正是因为有了这些困惑和思考，我们的尖端国防科技才走上了一条中国特色的发展道路。

黄旭华是功勋赫赫的大人物，也是有血有肉的劳动者当中的一员。他的一生，可以看作中国共产党为民族独立、人民解放和伟大复兴不懈努力

活到老，干到老

的一个生动的缩影。

参考资料：

·《赫赫而无名的人生》（《文汇月刊》，1987 年 6 月号。作者：祖慰）

·《黄旭华：隐“功”埋名三十载，终生报国不言悔》（新华社。作者：熊金超、冯国栋）

高铁巨匠　改革先锋

巨晓林

巨晓林，男，汉族，1962年9月出生，陕西岐山人，2008年9月加入中国共产党，1987年3月参加工作，高中学历，高级技师。现任中国中铁电气化局集团第一工程有限公司第六项目管理（高铁）分公司技术员，中华全国总工会副主席（兼），国家监察委员会第一届特约监察员。

☆“全国创先争优优秀共产党员”“全国劳动模范”

☆2009年，荣获“全国五一劳动奖章”

☆2011年，荣获第十届“中华技能大奖”

☆2018年12月18日，党中央、国务院授予其“改革先锋”称号，颁授“改革先锋”奖章

☆2019年9月25日，入选“最美奋斗者”个人名单

只有高中学历，他却编写出了一部一线铁路工人的“操作宝典”。

个头只有 1.6 米左右，却是铁路接触网工人公认的“小巨人”。

从一名普通农民工，一步步成长为国家级技能大师、全国劳动模范、党的十八大和十九大代表、全国人大代表、中华全国总工会副主席（兼）、国家监察委员会第一届特约监察员，先后获得“全国劳动模范”“全国创先争优优秀共产党员”“改革先锋”“最美奋斗者”等称号，并获得中华技能大奖……在铁路行业，甚至全国亿万农民工中，他是一个耀眼的“草根明星”。

30 多年艰辛奋斗，他的身份不断转换，却始终不改农民工吃苦耐劳的底色和共产党员无私奉献的本色。历经行业变革，却依然饱含深情。

他，就是享誉全国的知识型新型工人、农民工楷模、优秀共产党员巨晓林。

坚守初心，对党忠诚

快速发展的中国高铁不仅日新月异地改变着中国，更将中国技术、中国标准、中国制造推进到世界领先水平。而巨晓林作为中国铁路电气化建设的参与者，也找到了自己的人生定位。

由于巨晓林的突出表现，他先后被选为党的十八大、十九大代表和全国人大代表。当时，党的十八大会议北京代表团小组的讨论气氛热烈，每一次巨晓林刚想张嘴，就被别的代表抢去了话头。巨晓林只觉得自己嗓子发紧，不知道为什么就突然冒出了这么一句话：“请问，我们一线的发个言行不行？”主持人想了想，转而问大家说：“少休息 5 分钟行不行？”代表们几乎齐声说道：“行！行！”谁都不忍心不给这位来自生产一线的工农党代表发言的机会。

后来有人评论说，巨晓林这次发言是他“争取来的机会”。

确实，这就是巨晓林，一个永远在心中有一份责任的人——也就是这次“争取来的”发言机会，引出了一个非常感人的场面。巨晓林带着浓重的陕西口音说道：“我的家乡是一个单纯依靠农业的村庄，没有一家企业。

青壮年劳动力几乎都出去打工了。家乡的农业基础薄弱，加之这几年干旱，农业发展并不理想。不过，我们的父老乡亲没有丧失信心，相信未来的日子一定会越来越好。我画了一幅漫画，作了一首小诗，想借此表达一下我的心情。”说到这儿，巨晓林有些不好意思。

“快读一读!”其他代表都善意地鼓励他。

“好，那俺就读一读。”巨晓林拿出一页纸，慢慢地、认真地读起来。

“诗的名字叫《找到新期盼》。找到了，找到了。”刚读了一句，巨晓林突然哽咽了。会场内一片安静，代表们轻轻地用掌声给他鼓励。仅仅十多行的小诗，巨晓林读得很慢，很慢，每一句都略带哽咽，每一句他都费尽气力。代表们被感动了，片刻安静后，掌声四起。随后，他向大家展示自己的作品。代表们争相望去：一个放大镜，里面有一颗巨大的红心，红心中间，有一份写有“十八大报告”字样的文件。漫画的右侧，就是那首名为《找到新期盼》的诗。巨晓林解释说：“‘放大镜’代表寻找，就是说，我带着工友们的重托，在寻找新的期盼……”

掌声再次响起来。

奋战一线，干出成绩

后来，有人统计，关于巨晓林当选十八大代表的新闻词条，网上搜索出的有16.7万条之多，而其中报道最多的就是他的这次发言。也因为这次发言，巨晓林进入了中外记者们的视野，成为党的十八大期间各大新闻媒

兢兢业业，一丝不苟

体争相报道的一个“焦点人物”，迎来了人生的“高光时刻”。

2014 年，巨晓林被补选为第十二届全国人大代表。作为一名来自基层的农民工代表，他所提的建议大多围绕维护农民工权益方面的问题而展开。

2016 年 1 月 17 日上午，中华全国总工会第十六届执行委员会第四次全体会议在北京闭幕，会议选举陕西籍农民工巨晓林为中华全国总工会副主席（兼），这成为中国工会组织建设中一个重大的历史事件，载入了中国国家政治发展史册。巨晓林从此在发挥“党和职工群众桥梁和纽带作用”方面，担负起了联络中国亿万农民工的历史使命。

2017 年 10 月 19 日上午 7 时 30 分，在人民大会堂一楼中央大厅北侧，巨晓林在党的十九大“党代表通道”接受中外记者提问时说：“维护农民工合法权益是我们不可推卸的责任。作为工会，一定要带头宣传好《中华人民共和国劳动法》和国家制定的与农民工相关的政策和法律，让农民工用法律维护自己的合法权益。工会要多深入工地，做好调研工作，多了解农民工的心声、意见和建议，把他们反映上来的重大问题以及相关情况梳理好、总结好，写成建议，上报有关部门。工会组织要会同监督部门经常深入工地、深入企业，做好监督工作。另外，工会组织要和各级政府相关部门密切配合，制定好、完善好保障农民工合法权益的制度和政策。各地应多建立维权平台，让农民工更直接、更便捷地维护自己的合法权益。”

牢记使命，实干争先

1958 年 6 月 15 日，新中国第一条电气化铁路宝成铁路（宝鸡到凤州段）开工建设。在秦巴山区的崇山峻岭间，第一批电气化铁路建设者手持铁镐、风钻，用人力硬生生拉开了中国电气化铁路建设的序幕。

1962 年 9 月，巨晓林出生在陕西省岐山县杜城村。少年时的巨晓林很喜欢听家人讲的修建宝成铁路的故事，他梦想着坐上飞驰的列车，当一名铁路工人。

改革开放为巨晓林提供了广阔的人生舞台。1987 年，25 岁的巨晓林离开家乡，成为中铁电气化局一处三段招收的首批农民工。然而，身高 1.6 米左右的他并不被大家看好，因为铁路接触网工既要懂技术，还要有力气。面对集铁路电力、电务、工务等多种专业技术为一体的电气化铁路施工技术，看到纵横交错的电线、电杆、接触网，以及一张张犹如“天书”的图纸时，巨晓林懵了：“我能行吗?”

他暗暗给自己打气：不懂，就一点一点学，不信有搬不开的石头!

从那时起，巨晓林白天在施工中跟着师父学，晚上放下饭碗又撵着师父问这问那。营地熄灯后，他打着手电筒把学到的知识记在笔记本上。从那时起，巨晓林就养成了记笔记、爱琢磨的习惯。

只要功夫深，铁杵磨成针

工作之余，工友们发现巨晓林总是躲在角落里写写画画。有的工友就劝他："这是技术员干的活。咱们这里大学生那么多，你一个农民工，再怎么折腾也是白费劲!"

"学了东西，总能长点本事!"每当听到那些话，巨晓林只是憨厚地笑笑，继续埋头看书和整理笔记。只要功夫深，铁杵磨成针。无论工地搬到哪，巨晓林都会带上他的书和笔记。

1989 年的一个夏日，在山西北同蒲铁路线工地，"工龄"还不到 2 年的巨晓林和工友们进行放附加线作业。

所谓放附加线，就是要在铁路沿线电杆的外侧架设一道具有保护等作用的电线。按照老方法，每当放线车经过电杆下方时，一至两名工人需先爬上电杆，挂上滑轮，套上绳子，再把绳子放到地面。下面两名工人再用绳子拴住电线，把电线拉上去。上面的工人再用肩膀扛住电线，用力把电线挂在滑轮上。

放附加线是一项既累又烦琐的工作。铁路沿线每 50 米就要有一个电线杆，放线的时候，工人们走走停停，爬上爬下，1000 米长的一圈线，必须一次放完。

一天放线的时候，突然下起大雨。先爬上电线杆的巨晓林急中生智，赶忙把滑轮拿下来扣住电线，然后把滑轮固定在电线杆上。

情急之下的"神来之笔"，让巨晓林突然迸发出灵感：能不能把滑轮放到地下，先和电线扣合，再拉上去固定住?

返回工地宿舍后，巨晓林就把这个方法说给工友听。大家按照这个方法一试，果然又快又省劲。平时 1000 米的线要放三四个小时，这样做不到一小时就完成了，每个杆也只需上一个工人。看到自己琢磨出来的方法得到了认可，巨晓林心里美滋滋的，油然生出一种成就感和责任感：只要肯努力、善钻研，就能干出名堂来，要做一个有知识、有文化、有技能的农民工。

2000 年哈大线施工时，从电气化技校毕业分配到电气化局工作的赵荣有初次见到巨晓林时，看到他个头不高、有些发胖的身材，就嘀咕："爬杆、架线一般都用细高挑的工人，这个农民工能干好活吗?”

由于赵荣有是工程队的技术员，巨晓林主动黏上了他。有时为了一个创新中的技术问题，巨晓林要反反复复问上他几十遍。那时，老赵真恨不得躲巨师傅远点。“他急，我不急，反正我得问懂!”巨晓林乐呵呵地回忆说。

为了建设这条铁路，巨晓林和工友们挨过了东北最难熬的冬天。这年春节放假前，东北下起了大雪，项目部要求检查一下线路。这天一大早，赵荣有领了任务就到工地上去了。雪大风急，莽莽雪原上不见一个人影。

沿线检查到午后时分，老赵隐约看见前方电杆上，有个黑点在晃动。踏过没膝深的积雪，走到电杆下，揭掉冻在脑门上的冰碴，老赵定睛一看：是巨晓林!

原来，巨晓林所在的四人小组也领了任务。他没告诉另外三位年轻工友，好让他们早点回家，自己把任务承担了下来，沿着铁路线检查了十几千米。在一个电杆线下，他发现接触网上一组滑轮间距有些短，就爬上去干了起来。

-27℃！脚冻麻了，就从电杆上爬下来，在地上跺跺，再爬上去。一干就是半天！这个肯吃苦的农民工一下子打动了老赵!

自那以后，作为正式职工的老赵和农民工巨师傅就成了无话不谈的好朋友。“干一行，就要尽职尽责。我是小组长，老工人，我不干谁干!”说起这件事，巨晓林的回复还是这样简单的一句话。

“我们上杆子的时候，还得穿着大衣上去。要不然，上面太冷，下来的时候，杆子根本抱不住。下雪以后，汽车没法把东西运到跟前去，得让人扛着去。有几个小伙子干着干着觉得非常苦，回去了。”工友们回忆道。当时买了好多口大锅炒沙子，就是因为只有达到温度，才能搅拌混凝土，给接触网杆塔打基础。在艰苦的哈大线施工现场，巨晓林没有退缩过——不仅如此，在这项工程中，巨晓林开始崭露头角。

砥砺奋进，勇于创新

2008 年 4 月 18 日，当时世界上建设里程最长、具有世界先进水平，同时也是中国第一条具有自主知识产权的高速铁路京沪高铁开工建设。按照最初设计，它的最高速度为 380 千米/时，运营速度为 350 千米/时。在这样的高速度下，出现任何一丝失误，后果不堪设想。

京沪高铁是巨晓林参与建设的第一条高速铁路，好多规范与之前不一样，要求精准施工，严格执行。在短时间内，巨晓林和团队发明了新的测量尺，将误差精准控制在几毫米以内。他的工作方法在施工全线得到推广使用。在多个系统的通力协作下，京沪高铁得以顺利建设完成，先导段更是创造了最高运行时速 486. 1 千米/时的世界纪录。

时代需要伟大的工匠！当今的中国铁路建设队伍中，需要大批像巨晓林这样既具备一线经验又具备钻研精神的高级技能人才。在他参加工作的这些年里，中国电气化铁路实现了从普速到高速，从国内走向世界的技术跨越。截至 2019 年底，中国高铁突破 3. 5 万千米，铁路总里程约 15 万千米，电气化率达 68%，均居世界第一。

如今，乘坐高铁出行的交通方式被比喻为“陆地飞行”。火车跑得越来越快，如此一来，巨晓林和工作团队就需要研发越来越精细的施工工艺。

高铁运行靠电网

巨晓林参加工作的时候读过一本操作手册，不过他感到很遗憾："没有细节，没有叙事的语言，图也很少。好多人看了看不懂。比如说拉线回头绑多少、螺丝上多少，螺扣留多少，没有细节。如果要把那个拉线地板安上，怎么安，那实际只有师傅知道。"

巨晓林想把自己日记本上所有的技术创新整理一下，编写出一本铁路一线接触网工也能看得懂、用得到的书。巨晓林在铁路一线施工 15 年，笔记记了 15 年，其中有不少提高工作效率、保障施工安全的方法，还有不少他的小发明创造。

永葆本色，乐于奉献

2000 年秋，正是哈大线铁路电气化施工的关键时期。一天，巨晓林带着刚刚从技校毕业的徒弟杜志波，用混凝土浇筑接触网钢柱基础。当第一个钢柱基础刚浇筑一半时，工班长突然急匆匆赶来："快别干了，陕西老家电话，你老父亲病危，赶紧回家!"

74 岁的老父亲因脑出血长年卧床不起，巨晓林又多年在外奔波，无法照顾老人家，心里很愧疚。父亲病危，怎能不床前尽孝?

"我那时候正好领着民工在米沙子车站打基础。"巨晓林经常回忆起当时的情景：他放下工具，撒腿就跑，奔向驻地——但还没跑多远，他就慢慢停下了脚步。基础浇筑还需要几个小时才能干完，徒弟经验还不足，万一工艺出错，这个基础可就报废了！不仅会损失几千块钱，还会耽误工期。

想到这里，巨晓林又扭头返回了工作现场。他一声不吭，和徒弟一起，又工作了三个小时，把这个基础完全浇筑好。等他再拿上行李赶到火车站，当天最后一列开往陕西的火车刚刚开走。

等他辗转数千里返回老家时，父亲已经溘然长逝。

妻子哭着说："晓林啊，爸爸临终前一直呼唤你的名字，到死都没闭上眼睛。"

这些年来，巨晓林每次回家，种了一辈子田的老父亲都嘱咐他，不要牵挂家里，一定要在外面踏实干活，“给咱们农村人长脸”！

离家在外施工十几年，巨晓林回家的次数一只手就能数过来。儿女出生，他都不在身边。他不吸烟，不喝酒，省出钱来补贴家用。前些年，他攒了钱，家里买了些砖，想盖大瓦房，但由于他很少回去，这堆砖一放就是几年！

忠孝难以两全。在长年的离家务工岁月中，巨晓林这个习惯吃苦的汉子从来没有流过泪。但这一次，他跪在父亲灵位前，泪如雨下，久久没有起来……

没想到，在巨晓林的不惑之年，他又遭遇了一次“下岗”。

2000 年 9 月，拥有 80 万从业大军的铁道部所属中国铁路工程总公司、中国铁道建筑总公司等正式与铁道部“脱钩”，转属中央企业工委，实行自主经营。

在这次战略性重组中，原铁道部电气化工程局随中国铁路工程总公司脱离铁道部，更名为中铁电气化局集团有限公司，彻底走向市场，行业竞争开始变得残酷和激烈。

到了 2002 年的冬天，当哈大线电气化铁路接触网的施工结束的时候，企业的这次战略重组尚未全部完成，只拥有农民工合同身份的巨晓林不可避免地面临“下岗”。“就是在家等着，而且当时效益也不好。”

2002 年的冬天，干完了哈大线铁路工程后不久，巨晓林有了一次难得的“长假”。

“我们那时候叫“歇工”，就是在家待岗。所有的职工都走了，包括正式工也没活儿干。”巨晓林回忆起这段经历，依然是笑呵呵的。

这一年，巨晓林 40 岁，不惑之年的他开始困惑：靠什么维持家庭生计？自己的前途又在哪里？

“我两个孩子上学都是指望我，还包括我们家里所有的开销。其实，我们家打的麦子只能满足温饱，但要改善生活，只靠种地是不可能的。”巨晓林回忆道。

回家种地？还当农民工？巨晓林不甘心，更不甘心自己十多年苦心记录的笔记就此作废。在他就要离别自己工作岗位的时候，却想到要写一本书，一本关于接触网施工工艺工法的书。

虽然可能永远离开那个工作岗位，可是，巨晓林相信，只要世界上还有铁路，只要世界上还有电气化铁路，只要电气化铁路的施工中还有接触网，那就一定会有人像他在过去的十几年时间里干过的一样，去干那些同样的活儿，出同样的力，流同样的汗。

授业解惑，一丝不苟

他一直想把自己在长年累月的接触网施工中，利用业余时间探索出的一些零零碎碎的施工经验和方法，整理编写成一本书——书名他也早就想好了，就叫《接触网施工好经验和好方法》，将这本书留给和奉献给他所深爱的电气化事业，以便将来工友们，特别是新工友们尽快掌握和提高工作技能，标准、安全、高效地干好电气化铁路建设。

至于这样做对他本人有什么好处，巨晓林从来不想。巨晓林想做这件事的时候，没有功名心，也没有功利心。功名和功利，对只是农民工的巨晓林都谈不上……

他的心中唯有他钟爱并付出心血的电气化事业。

平时，他想整理手稿，却总是没有时间。巨晓林心想，这次回家歇工，不正是个很好的机会吗？

“好多创新发明都是有原因的，要么就是干活儿非常困难，要么就是安全标准和质量要求高。省时、省力、省材料，保质、保量、保安全，这是我所有创新的理念和目标。”巨晓林说道。

在商合杭高铁建设中，巨晓林和他的“巨晓林技能大师工作站”团队还探索创新出拉线预制技术、接触网终端线夹定位装置、弹性吊索预制法等16项技术，为商合杭高铁建设作出重要贡献。

2019年5月，巨晓林带领团队创造出“弹性吊索预制法”。他们制作了一个弹性吊索线端压紧装置，实现了双线同时展放、转动盘扎模具等技术创新，达到省时省力、标准规范的目的。

如今，汇集了巨晓林近几年来总结出的27项革新工法的《接触网施工经验和方法》第四部书稿已经送给专家评审，其中的商合杭高铁建设技术创新16项已经印发到工友们的手中。

2019年冬天，巨晓林的家乡正在举办一年一度的庙会，巨晓林的母亲已经80多岁，老人家想要儿子陪他去看看。在外打工这么些年，一家人错过了太多团聚的时光。

一大早，全家人出门看庙会，巨晓林成了乡亲们的骄傲：“啥时候回来的？见你一回不容易啊！”

在当地，巨晓林是个“名人”，买菜的时候不时有同乡给他拍照。曾经的农民工成了“副主席”，这些在同乡人眼里是了不得的成就。但巨晓林回乡，衣着朴素，乡音未改，与村民们毫无两样。

“我觉得我和普通人一样，因为普通人还可以自然一点，踏实一点。干事也好，做什么也好，普通人的状态是最好的。”庙会结束，中午回家，和家人团聚时吃上一碗热腾腾的臊子面，就是温暖的家的味道。

巨晓林身上集中体现了中国电气化人“忠诚、实干、创新、奉献”的崇高精神，唱响了“劳动光荣、知识崇高、人才宝贵、创造伟大”的改革开放时代主旋律。

（由中铁电气化局党委宣传部提供相关资料）

坚守挚爱一生的事业

王新华

王新华，女，汉族，1972年6月出生，现任中国人民解放军总医院第五医学中心感染病医学部总护士长。

☆2015年5月12日，被授予第45届南丁格尔奖章

☆2017年11月，被评为“第六届全国道德模范（诚实守信类）”

☆荣立三等功2次

“护士既是一种职业，更是一项事业，心无旁骛方能追逐梦想”

1991 年，王新华从军校护理专业毕业后，来到全军唯一传染病医院——中国人民解放军第三〇二医院（现中国人民解放军总医院第五医学中心）。在这里，她要护理患有 60 种感染性疾病、39 种法定传染病的患者。为了尽快进入“角色”，王新华自觉加紧对新知识、新业务、新技术的学习。她很快就熟练掌握了各种护理技术，在医院护理队伍中脱颖而出。

1999 年，王新华被调入小儿肝病科工作。面对很多患儿的“一哭、二闹、三折腾”，王新华更加严格要求自己。为了尽快提高静脉穿刺成功率，她反复练习扎针、体会针感。尤其是对那些凝血机制差、采血难的患儿，她采用头皮针在手足浅表静脉加压的方法取血标本，从根本上解决了肝炎患儿护理工作中的一大难题。

为配合医生做好肝穿手术，王新华总结出“术前解除患儿及家长的思想包袱，耐心细致做好疏导、解释工作；术中讲趣味故事，以分散患儿的注意力；术后细心观察、精心护理”等一整套行之有效的方法，以消除患儿的紧张和疼痛。这套方法在小儿肝病科推广后，起到了良好的效果。

2010 年，王新华担任妇产中心护士长。为尽快掌握国内外最新妇产护理知识和管理理念，王新华查阅了大量妇产护理资料，去多家大医院参观学习。短短 3 个月，她完成了由单一儿科护理到妇产科护理、由普通护士到护理管理者、由专业“门外汉”到“业内精”的“三级跳”。

中国人民解放军总医院第五医学中心

传染病医院妇产中心收容合并乙肝、丙肝、性病等各类传染病30余种。为了确保医护人员和患者的安全，王新华制定了一整套严格的消毒隔离制度，强化防护意识，杜绝交叉感染。

后来，在荣誉纷至沓来时，王新华是这样认识自己的："我就觉得自己的性格很适合做护理工作，因为我喜欢跟自己较劲，注重细节，追求精益求精。我不允许自己做得不好。如果偶尔有一次不够好，我一定会责令自己改好。"

平时，王新华不仅会把自己班次里的工作做好，多数时候还会帮下一班次的护士提前做些准备工作，所以其他护士也特别愿意和她搭班或接她的班。她还特别喜欢也擅长和病人沟通，病人也很认可她。

王新华和同事在一起

王新华觉得，护理已经被更多人认可为一门专业性很强的学科，自己也要更加珍视这一份职业。在努力工作的过程中，王新华得到了锻炼，同时也得到了护士长和其他同事的肯定。

王新华一直从事临床一线的护理工作，也一直认为自己就是一个平平凡凡、每天认认真真做好本职工作的普通护士，没觉得自己有什么特别的。对此，护理部主任的答案是："就因为你很出色认真地完成了日常工作，才会连续多年被评为医院优秀护士，才会不断获得其他种种荣誉。"王新华才知道，原来自己在平凡岗位上踏踏实实地工作，别人看得很清楚，最终一定能得到大家的认可。

“你的微笑是最美的风景”

王新华每天在医院上班时都很开心，自然也就很喜欢这份工作，做起来自然也会很用心。她在全院最先叫响“思想感情尽全心，医疗服务尽全责，救治生命尽全力，呵护健康尽全职”的口号，带领护理队伍为每一位患者提供优质、高效、贴心的服务。

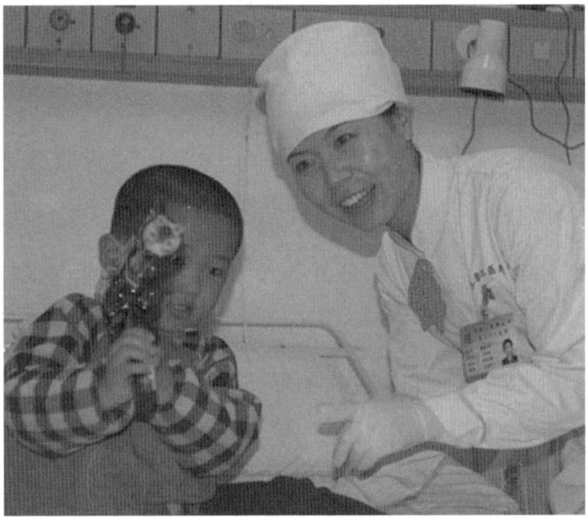

孩子们永远不会忘记她的微笑

“王妈妈，我期末考试两门得了100分！”电话里稚嫩的童音让王新华喜上眉梢。提起这个叫赵翔（化名）的“乡下儿子”与“北京妈妈”的真情故事，还得从好多年前说起。

2006年，青少年肝病诊疗与研究中心主管护师王新华接收了一位从安徽农村来的2岁传染病患儿，当时患儿四肢全部肿胀化脓，创口向外流出散发着恶臭的脓血。“患儿都是娘的心头肉，我要像呵护自己的孩子一样，精心对待每一位患儿。”王新华说。她耐心地为患儿清洗脓血、喂药敷药，不畏传染，不怕脏累。在王新华慈母般的护理下，患儿奇迹般痊愈了。康复出院后，赵翔和王新华又“签署”了一个美丽的约定：“娘儿俩”要经常打电话，叙叙“母子情”。

王新华坦言，在青少年肝病诊疗与研究中心当了10年的护士，最高兴的是成了几百个“儿女”的“妈妈”，最欣慰的是看见孩子们战胜病魔康复回家。

在妇产中心，王新华发现很多女性患者因身患乙肝、丙肝、艾滋病等各种传染病，心情多半低沉、急躁、焦虑。心细如发的王新华说：“人心都是肉长的。你尊重人家，人家才会尊重你；你对人家好，人家才会信任你。”所以，她始终坚持追求一种“感染护理”理念：不仅要让传染病患者远离“病毒感染”，还要让传染病患者深受“真情感染”。

乙肝患者李丽（化名）结婚多年不敢要孩子，害怕传染给下一代，公婆非让儿子和她离婚。小两口来到医院妇产中心，寻求生育健康宝宝的良方。王新华对李丽说：“不要有思想包袱，现在的医疗技术完全可以让你拥有一个健康的宝宝。”李丽住院后，王新华一边找康复患者现身说法，一边给李丽公婆打电话，做思想工作。一年后，李丽在医院妇产中心顺利产下了一名7斤重的健康宝宝。出院时，李丽特地抱着孩子前来道谢：“要不是您，我们这个家早就散了。得了传染病，我是不幸的；但来到医院，遇上您这位护士长，我又是幸运的。”

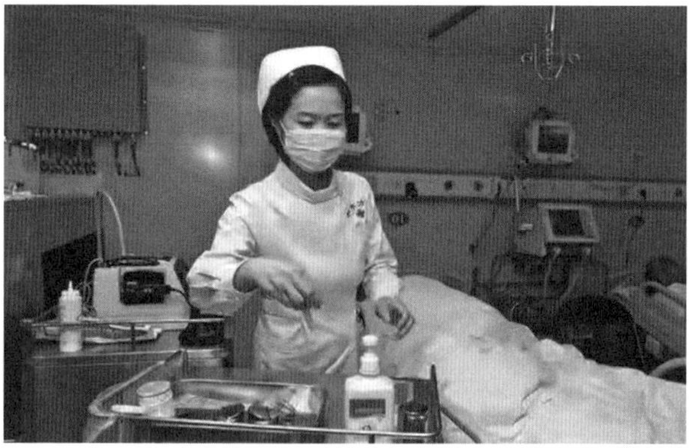

最美白衣天使

在后来抗击“非典”的岁月里，王新华亲手护理的30多位非典患者无一例死亡，最终全部康复出院。一位女患者出院时，紧紧拉住她的手说："这个春天对于我们来说是黯淡的，但你的微笑是最美的风景。"

与死神争夺生命的较量，每天都发生在没有硝烟的战场上

2003 年春天，原中国人民解放军第三〇二医院成为抗击"非典"疫情的主战场，王新华主动请缨，深入"非典"病房。数据显示，传染病患者的 0.000004 毫升的血就会引起传染。但她每天都要为"非典"患者发药、抽血、打针、测体温、喂饭、喂水、擦身、倒大小便，还要完成大量的消毒、保洁、清洗工作。虽然明知可能被感染，甚至还要面临死亡的威胁，但她从未动摇、退缩过。

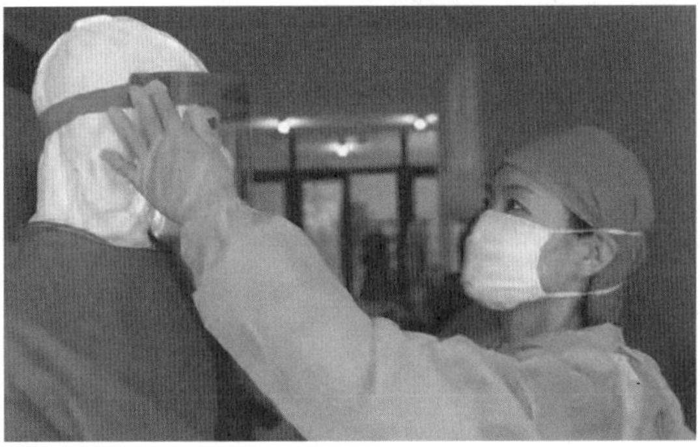

请党放心，抗疫有我

军人生来为打仗、打胜仗，王新华一直都这样认为。2008 年 5 月 12 日，四川汶川发生地震。时间就是生命，王新华跟随医疗队紧急驰援，奔赴灾区，全力救治灾区群众。在那些日子里，她顶着高温酷暑，冒着余震频发的危险，担负起了测量体温、抽血输液、留取标本、消毒等各种繁重工作，一干就是 2 个月。

王新华不但积极为救灾官兵健康保驾护航，还深入 10 多个村庄为群众送医送药，巡诊查体。瘦弱的王新华坚持背着十几千克重的消毒药水和急救药品翻越在大山深处、废墟丛中。

有一天，她在巡诊时，发现 85 岁的老人赵开秀在地震中受伤，瘫痪在床，尾骨处出现压疮。

王新华凭借多年的护理经验，为老人进行清创、敷药，并手把手教会老人的女儿如何护理。以后每次巡诊到村里，王新华都去看看老人，给老人翻身、敷药。端午节那天，王新华又来到老人家中，给老人洗完澡后，把她推出门晒太阳。当王新华抱着老人瘫痪的右腿开始按摩时，赵开秀的眼睛突然湿润了，紧紧握着王新华的手，嘴里念叨着："真是个好姑娘呀！"

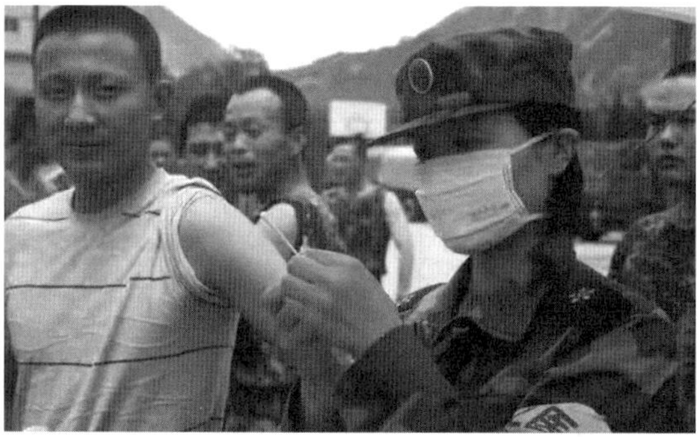

汶川大地震震后防疫工作场景

2009 年，"甲流"肆虐全球。在疫情最为严重的时候，王新华毅然冲到最前沿——"甲流"病房，默默地一干就是 3 个月。她每天重复着同样的工作，并且耐心地为患者讲解疾病知识，温暖贴心的话语消除了患者的焦虑和恐惧。她用自己在非典病房中积累的宝贵经验，为医院在"甲流"防控任务中实现"工作人员零感染、来院病人零漏诊、确诊病人零死亡、疑似病人早诊断"的工作目标作出突出贡献。

"爱无国界、待患如亲正是我心中'南丁格尔精神'的真谛"

2014 年初，"埃博拉"病毒肆虐非洲，短短几个月就夺去了数千人的性命。9 月 16 日，医院紧急抽调组织全军首支援塞医疗队，执行疫情防治任务。面对这一致死率极高的疫情，妇产科护士长王新华第一时间递交了请战书。

在塞拉利昂抗疫一线，王新华和战友们卸载、整理物资，培训当地医

抗击“埃博拉”：王新华与塞拉利昂同行们在一起

务人员，用最短的时间将中塞友好医院改建成具备收治烈性传染病埃博拉的专科医院，在西非创造了“小汤山速度”。

10月1日，医疗队接诊了首批7名埃博拉疑似病人。面对致死率高达50%～90%的埃博拉病毒，王新华无所畏惧，进入一线负责消毒保障。她背着几十斤重的消杀器具，进入病区喷洒消毒液，并对工作人员缓冲间内的垃圾进行清理，对防护用品进行消毒和清洗。

“每一次进出病房，都要当作第一次来对待。”王新华严格执行工作流程和着装规定，每一个防护用品穿脱动作、每一个防护注意事项，都一丝不苟、滴水不漏。她工作时，要顶着35℃高温，置身潮湿空气中，稍微动一动就大汗淋漓。不一会儿，防护服就全贴在了身上，雨靴中满是汗水。

老幼病弱更容易成为病毒攻击的首选目标。9岁的雅尤玛刚刚失去相依为命的母亲，不料自己又感染了病毒，成为一名“埃博拉孤儿”。丧母的悲痛和病毒的侵袭击垮了她幼小的身体，生命岌岌可危。很快，王新华便把雅尤玛作为自己关注的重点，每天查房时都给她带去巧克力、饼干、火腿肠、中国结等小礼物；每次发药、送水时，王新华都要喂到她嘴里，看她咽下之后再走。在她的精心护理下，雅尤玛慢慢恢复了健康。“有一天，她竟用笔写下‘中国’二字。”爱无国界，真心换真情，每当回忆起这一幕，王新华都会露出幸福的笑容。

王新华用行动诠释了“爱无国界”的国际主义精神

在这个没有硝烟的战场上，王新华与队友并肩作战60个日日夜夜，收治了近300名埃博拉留观患者，挽救了100多人的生命，实现了中塞医护人员“零感染”。

“护士是一个崇高的职业。每个人来到人世，第一个抱着你的不是妈妈，而是护士”

2010年，医院成立妇产中心，王新华凭借过硬的技术和作风被推举为妇产中心护士长。通过医院科学的孕期健康宣教、母婴阻断治疗、科学的新生儿护理，乙肝妈妈所生新生儿99%以上成为健康宝宝。

感人心者，莫先于情——王新华时刻为患者着想，并追求这样一种理念。从参加工作以来，不管春夏秋冬，无论风霜雨雪，王新华每天至少提前半小时进病房；每次走进病房，她的脸上总是挂着阳光般的笑容，动作都似慈母般轻柔和缓。只要一有空闲，她就到各个病房中去转上一转，细心观察每位患者的病情以及患者吃、喝、便、睡的细节。

妇产科走廊里的展板上，经常贴满了患者写给王新华的感谢信。一封信这样写道："您的亲切话语、甜美微笑、轻盈脚步，给我留下珍贵的回忆。向您鞠躬道谢，谢谢您的辛勤付出！"

正如"南丁格尔精神"所倡导的那样，王新华始终以"爱心、耐心、细心、责任心"对待每一位患者，尽其所能治病救人。

王新华长年奋战在第一线

"她柔弱的外表下，有一颗坚韧的心"

"让患者远离病毒感染，使患者受到真情感染。"这是王新华始终追求的护理理念。点点滴滴，绵绵密密，她的内心也因沐浴着患者的信任爱戴而丰盈美丽。有了信念的支撑，王新华更是百折不挠、一往无前。

报名援塞的关头，王新华就面临一个令人"纠结"的选择——一边是身患重症的母亲，一边是整装待发的队伍。最终，她选择背起出征的行囊。对于跟随我军首批援非抗埃医疗队出征的场景，王新华至今记忆犹新："送行的人都流下了眼泪，他们觉得我们就是'敢死队'！"抵达塞拉利昂后的一天，王新华的母亲被推进了手术室。远在异国他乡，她一夜无眠，眼泪直流。手术成功了，母亲打来电话的第一句话是："闺女，我没事，你们也千万别出事！"

2013 年，她接到跟随海军"和平方舟号"医疗船去救治受强台风"海燕"重创的菲律宾受伤群众的命令。鲜为人知的是，当时的王新华自己也是一名患者——不久前，她被确诊为宫颈癌，进行了手术治疗。她的丈夫心疼地说："你不要命了！"王新华却微笑着说："我是军人，服从命令是我的天职，救死扶伤是我的责任！"

美满幸福一家人

说起妈妈，儿子魏子巍很无奈："妈妈总是很忙，经常说走就走，而且一走就是好多天……"提及妻子，丈夫魏良鹏很心疼："她关注工作中的任何细节，做不好决不放弃。她柔弱的外表下，有一颗坚韧的心……"

生活中的王新华，最喜欢听那首《中国护士之歌》："柔情的双手/迎接生命的希望/温馨的话语/呼唤健康在起航……中国护士/大爱无疆/用生命守护生命/让真情地久天长……"

"我要把自己的专业作风和对工作的热爱传递给护士们"

王新华觉得，作为护士长，自己的一言一行都会影响到护士，因此首先自己要比护士们做得更好，要高质量地完成护理工作，才能起到榜样的作用。由护士长再来带动整个科室的氛围，一个好的科室氛围就形成了。如果护士们的价值观、职业观和护士长一致，那么就不需要硬性规定，即使是特别小的事情，护士都会很认真地去完成。

王新华觉得氛围特别重要，在一个优秀的集体里，谁都不想落后，所以每个护士也都会很努力。不管是上军校的时候，还是在工作中，王新华一直在努力学习。作为护士长，她也特别注重护士的专业能力培养。因此，在妇产科建科之初，她就对护士的培训、考核抓得很紧，逐渐形成积极向上的氛围，新来的护士也就顺理成章地融入这种氛围里了。护士们自己会互相比较，即使考98分、99分，都会对自己不满意，会思考还有哪些不足，争取考到满分。所以，王新华科室的考核通过率经常是百分之百，甚至绝大多数是满分。

王新华（中）和同事们分享获奖后的喜悦

王新华常常挂在嘴边的话是："护士面对的是生命，一定不能出差错。妇产科面对的至少是两条生命，更容不得差错。出现一次差错，对于病人来说就是百分之百；而对于护士自己，可能一辈子都会因此受到良心谴责。"作为护士长，在发现问题时，王新华也会及时和相关的护士沟通，当面指出问题，这也给了当事护士一定压力，让护士知道自己不能出错，出错了会被指出来，也可能会受到相应处罚，从而起到监督的作用。王新华认为，有需求才有动力。在妇产科刚开始建科的时候，参与授课还是硬性规定；到现在，参与授课已经是护士们竞相争取、不及时把握就会稍纵即逝的机会。

在安排护士搭班时，王新华也会考虑护士的工作特点、性格特点。比如，一个细心点的护士就搭配一个粗心点的护士，这样，粗心的护士可以了解到别的护士是怎么工作的，从中可以学习更合理的工作方式。

王新华常常反思自己管理护士、和护士沟通的方式，努力做到更加人性化。比如，护士万一犯了错误，其实她自己就会很自责，这时就不要再严厉批评她，而是更多地跟她一起分析原因以及下次应该怎么做。结果证明，这样的处理方式效果更好。

在越来越高的荣誉面前，王新华谦逊地说："我永远在路上。"

（由中国人民解放军总医院第五医学中心宣传部提供相关资料）

大山里最后的『赤脚医生』

李春燕

李春燕，女，苗族，1974年5月出生，贵州省从江县雍里乡大塘村卫生室乡村医生。贵州省第十三届人民代表大会代表。

☆2005年，被评为“感动中国十大人物”

☆2006年，被评为“全国优秀乡村医生”“中国十大杰出青年”

☆2008年，被评为“全国卫生系统先进工作者”

☆2010年，被评为“全国劳动模范”

照亮苗乡的月亮

大塘村是贵州省从江县最大的一个苗族村寨，全村 500 多户人家，2500 多人，80% 以上是苗族。这里地处月亮山区，自然条件差，是从江县的极贫村。

李春燕原住在本乡宰略村，父亲是汉族，母亲是苗族。宰略村在当地是一个各方面条件都很不错的寨子。李春燕在与孟凡斌谈恋爱时，未来的公公长期生病却难以医治的境况深深地刺痛了学医的李春燕。2000 年，李春燕从黎平县卫校毕业后，她唯一的要求就是让孟凡斌为她在大塘村建一所卫生室。她内心的想法是，嫁到丈夫家后，一方面可以照顾生病的公公，另一方面也能以此谋生。

深爱她的孟凡斌爽快地答应了她的要求。

以善良和爱心坚守在大山里的“赤脚医生”李春燕

李春燕嫁到大塘村后，婆家卖掉了 2 头耕牛，筹得了 2000 元资金，为李春燕在家中开办了大塘村有史以来的第一个卫生室。从此，时年 23 岁的李春燕便用自己柔弱的双肩承担起了全村人的健康和生老病死。

严格地讲，李春燕不能称作医生，只能叫作“卫生员”。因为她没有编制，不享受国家拨款的工资和其他待遇。由于工作环境差、入不敷出，中国的大部分乡村卫生员都已改行或外出打工了。

李春燕曾经是月亮山里唯一的医生

“我的生活就像悬挂在树梢上的月亮一般，时缺时圆。有许多乡民都在等着我为他们治疗；又不知道有多少新的生命，在等着我的双手去迎接他们。他们幼小的生命就好像从零开始，如今他们个个都有着健壮的身体，在父母身边蹦蹦跳跳，顽皮地笑着，是多么可爱……”在与一些志愿者的通信中，李春燕写下了这样的话语。她深知，自己的存在已成为大塘村村民生活中不可缺少的一部分，正在使村民的生活慢慢地发生着变化。大塘村村委会主任廖忠才感慨地说：“因为有了李春燕，我们的村民比其他村的人幸运多了，她给我们的生活带来了希望！”自李春燕开办卫生室以来，大塘村的出生婴儿死亡率和分娩孕妇死亡率大幅下降。

在被媒体邀请到深圳和北京做节目前，李春燕连省城贵阳和州府凯里都没有去过。第一次走出大山的李春燕在感受到现代文明的同时，更看到了家乡的贫穷落后。出名后，她得到了全国各地热心人的支持和资助，其中不少是被她的事迹感动后邀请她外出发展的。一名福建老板给她开出了包吃包住、月薪 5000 元的条件。

“别人的邀请，我并不是没考虑过。但是，如果我真的走了，这里的乡亲生了病就没有人给他们医治了，我舍不得丢下他们。虽然贫穷，但他们的生命同样可贵。”村民的依赖和信任使李春燕婉言谢绝了他人的邀请。

她始终认为，自己的留下至少可以给贫困的乡亲们减轻一点经济负担。就在她到北京做节目的那段时间，村里的一个小孩病了，没办法，只

村民们实在太需要李春燕这样的好医生了

好送到县里的医院去，最后花了1000多元。“要是我在的话，就不会花这么多钱了，他们确实太需要我了！”她说。

从“请鬼师”到“找医生”

李春燕来到大塘村后，发现这里是一个被医学完全遗忘的角落。在这个从没有过医生的苗族村寨，谁家有人生病了，要么花两三个小时抬到县城，要么花高价请县里的车拉病人去县城，相信迷信的就请巫师驱邪。小孩子生病了更是得不到适当的护理——当时，大塘村每年有20多个新生儿降生，却有一半夭折。

在山高坡陡、交通闭塞的大塘村，村民们向来缺医少药，而县里大医院高昂的医疗费用让一些贫困的村民望而却步。村民们只能“小病扛、大病顶，实在不行把巫师请”，就是请鬼师驱“鬼”辟邪，或是用“土办法”自己治疗。死了，谁也不知道是啥原因。因此，李春燕的卫生室在创办后并没有马上受到村民的欢迎。长期相信巫师的村民们对这个挎着竹篮、不穿苗族服装的年轻姑娘没有投以太多的信任，找她治病的村民寥寥无几。

出身于医学世家的李春燕向来对巫术深恶痛绝，她决定用实际行动来“抢占”自己的“领地”。为了便于与村民沟通，不会讲苗语的李春燕在家人的帮助下学会了苗语。

她还一边工作一边学习，先后到首都医科大学、贵阳医学院附二医院、上海宏康医院等医疗机构参加培训，医术得到较大提升。

有一次，刚边寨村12岁的王岁山患了肠套叠，在医院治疗花光了几千元的贷款后，只好来找李春燕。从李春燕家到刚边寨，得从山上到山下，走得最快的人都得用上半个小时。为了给王岁山治病，李春燕每天得往刚边寨来回跑4趟。两个月的时间里，她累得连走路都走不稳，最后索性把王岁山接到家里来治疗。一个多月后，王岁山痊愈，而李春燕分文未收。

李春燕还为村里的产妇接生。每年，村里通过她迎接的新生命都有几十个。接生一个孩子，她得到的回报很少超过5元钱。有时候，她守候一个通宵，只有几角钱。

大寨村民组一吴姓人家的孩子得了肠炎，无钱治疗，只好请巫师来“治病”。恰巧李春燕路过，她问这户人家是相信医学还是巫术，主人为难地说两样都相信。李春燕当即为患者做了诊断并开了药，没几天，孩子的病治愈了。

随着治愈患者数量的增多，善良、热情、尽责的李春燕慢慢获得了村民的信任，找巫师的人越来越少，来卫生室看病的人越来越多。

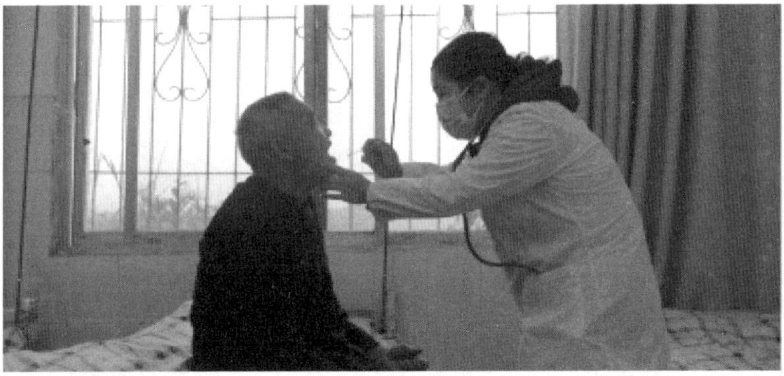

李春燕用热心、爱心和治愈率感染了村民，使山村群众开始摆脱迷信、相信科学

这些年，经过李春燕诊治的病人和经她双手接生的婴儿一个又一个，所垫付和免收的药费连她自己也记不清。她高尚的医德就是病人的精神支柱。人们相信，只要她在，大塘村2500多名村民的健康就能得到保障；只

要她在，从江县月亮山区人民群众的安康就能得到守护。她就是守护苗乡的月亮。

“燕子，有钱了，你就不会走了吧?”

村民的认可让李春燕感到欣慰，对卫生院的未来也充满了信心。但不久她却发现，随着病人的增多，卫生院的状况不仅没有改善，反而越来越难以维持了。

卫生室创办之初，为节省开支，李春燕连药箱也舍不得买，只好用竹篮子代替，一些简单的医疗器械也是从当医生的父亲那里借来的。李春燕每次出诊从不收取出诊费，遇到特别困难的病人，她甚至连药费也不收。

一天，李春燕来到蒙安全的家中给蒙奶奶看病。蒙奶奶患的是神经痛，已有三年的病史，因为没钱，一直没能到县医院治疗。每次痛起来，必须连打三天的针才能好转。为了减轻老人的痛苦，李春燕每次都按时给老人打针。这次打完针，蒙安全付给她 6 元钱，其中包括已经欠了两年的 2 元药费。因为穷，许多村民付不起药费，有的连一两块钱都要赊账。久而久之，欠账越来越多，资金周转越来越难，卫生院几次面临断药。刚开始断药时，李春燕就去药店赊，可赊多了，药店老板也不肯再赊了。于是，她把自己的米拿去卖了进药，为此还背上了 5000 多元的外债。

李春燕和苗族群众手牵手、心连心

眼前的这一切使年轻的李春燕有些撑不住了，她有了外出打工的念头。2004 年初，一直赔本经营的李春燕决定关掉卫生室，和丈夫一道去广东打工。

当他们正准备出门的时候，闻讯而来的乡亲们正好赶到。村民们掏出皱巴巴的 1 元、2 元钱递给李春燕：

“李医生，你走了，我们可怎么办？这是我们还你的账。不够的，我们明天把家里的米卖了，给补上。”

“燕子，有钱了，你就不会走了吧？”

捏着村民们还来的一堆皱巴巴的纸币、硬币，李春燕猛然读懂了乡亲们眼神里的期盼和信赖——她选择了留下。

2014 年 4 月，从江县人民医院准备以李春燕的名义，在县医院开设一个工作室，并给她提供优厚的待遇。在亲朋好友都劝其追求更高的平台时，她有点动心，但当她在路上见到向她热情打招呼的乡亲们，见到治疗后痊愈的村民，看到等待她治疗的群众期盼的眼神之后，她深深地感到自己取得的所有荣誉和获得的机会都是乡亲们赋予的，乡村就是她的根。她毅然决然地拒绝了在旁人眼中千载难逢的机会。

李春燕的账本

在从江县雍里乡大塘村一间木楼内，乡村医生李春燕正在家里翻账本，查看近段时间为村民看病用药的账目。账本上密密麻麻地写着 5 角、1 元、2 元的账目。

“这都是乡亲们看病欠的药费——本来是没必要这样记的，他们一有钱马上就会来还。但为了在进药时心里有个数，只好记了。”李春燕解释说。

李春燕以前所欠的几千元，要不是有一位深圳的热心人寄钱来还清，欠账还会更多。自 2000 年在大塘村当乡村卫生员以来，在李春燕的账本上，村民的欠账消了又写，写了又消，缺口还是在不断加大。李春燕已不知道记了多少个这样的账本，一笔笔欠账的背后，如实地记录着大塘村村民的贫困，更闪耀着李春燕爱的光辉。

李春燕打算依靠在村里行医维持生计的念头早就被现实打消了：卫生室不要说赚钱，就连正常的运转也难以为继。卫生院依旧开着，丈夫为了还债还在县城打工，但他们的欠债并没有减少。家里有 80 多岁的父母和 2 岁的小孩，李春燕既要给人看病，又要带孩子、种地和照顾老人。她和丈夫住的房子三年前就垮掉了，至今仍然没有建好房子的屋基被洪水冲掉了一个角，柱子悬空，横的楼枕已经弯曲，难以支撑房屋重量的墙壁已经开裂，最大的裂口有 10 厘米。

雪上加霜的是，因无钱买瓦片，与大哥分家后修建的新房只能空着。遇上雨雪天气，大雨和冰雪会飘落到床头，经常将人在熟睡中淋醒。直至前不久，在广东打工的妹妹资助了她们家 1000 多元，才买到了瓦片，把房子盖上。

为了兑现对妻子的承诺，孟凡斌在帮人卖化肥和贷款买车跑运输均失败后，只好到县城给一家单位开车。临走前，他从身上仅有的 300 元钱中拿出 200 元，留给李春燕买药。

如今，李春燕会经常收到全国各地一些热心人寄来的药品，靠着这些药品，卫生室暂时没有出现断药现象。有了药品，村里的 12 户“五保户”被她列为免费治疗对象。

妻子的行为感动着丈夫。卫生室窘况的好转让孟凡斌依稀有了一丝轻松，他现在最大的心愿就是能找到一个收入高一点的工作，能在经济上多给李春燕一些支持。孟凡斌坦言，对李春燕当初的做法，他一开始认为那只是一个涉世未深少女的冲动而已。但李春燕多年来的坚守，使他彻底看到了妻子内心的善良。

守护生命八小时

2004 年的一天，村民吴耶眯家的婴儿降生了。由于早产，孩子体内器官发育不全，出生时吸入羊水过多，造成气管堵塞，随时有生命危险。

李春燕迅速赶到吴耶眯家，立即采用按压治疗法，把小孩的两只小手放在胸上，用自己的手有节奏地按压孩子的小手。

没想到的是，几分钟后，还是没有任何效果，孩子依然紧闭双眼，甚至没有半点呼吸和心跳。

李春燕又将嘴对准孩子的小嘴，轻轻一吸，随即将一口黄色的液体吐在随身带的纸巾里；又继续凑过去按压，还是没有反应，孩子皮肤仍呈青紫色，渐渐失去光泽。

“马上送县医院！”看到孩子的病情严重，李春燕立马决定。

去医院的途中，李春燕继续用手有节奏地按压孩子的胸部。李春燕又俯下身去给孩子做人工呼吸。一次、两次、三次，孩子还没有反应。

吴耶咪开始感到绝望，一直失神地东张西望，只有李春燕仍然表情坚定，不断地给孩子做人工呼吸。

一次，抬起头，眼里充满期望；两次，抬起头，眼里充满倔强；三次，抬起头，眼睛里仍然满是坚强！到了县医院，李春燕走下汽车，瘫倒在车门口。

医生全力抢救婴儿，但由于病情过于严重，最终还是没有成功。

作为一名普通的乡村赤脚医生，李春燕丝毫没有考虑自己会有什么危险。生命至上，她秉持哪怕只有1%的希望也不放弃努力的高尚情操和坚定信念，履行了一个乡村医生的职责，她的行为感动了在场的每一个人。

很快，李春燕的事迹以一篇名为《一生只有八小时》的文章刊登出来，后又经《法制日报》《南风窗》和凤凰卫视等媒体转发或播报。

近些年来，李春燕获奖、出名，并被外界关注，聚集众多光环于一身。但面对荣誉和光环，她都谦恭地说：“我还是我，只是肩膀上的担子更重了。”“作为一名乡村医生，我将一如既往地坚守在山村，为贫困群众解除种种病痛，不怕脏、不怕累，更不怕穷。”

大塘村博爱卫生站建成啦！

2006年，大塘村博爱卫生站建成并运营。新卫生站占地110平方米，总建筑面积330平方米，是中国红十字基金会实施“红十字天使计划”后建造的第一所博爱卫生站，站里有药房、治疗室、病房、办公室、B超室等。新卫生站启动后，将为村民提供专业的医疗服务，改善当地的医疗卫生条件。后来，李春燕又从社会各界捐助的资金中拿出10万元，捐赠给附近的龙江村和滚玉村，用于兴建两个村卫生室。

在中央电视台《感动中国》节目播出后，李春燕的事迹感染了越来越多的人。很多热心人士把爱心传到月亮山区，温暖了整个从江大地。在好心人的资助下，李春燕欠药店的钱还上了。她还参加了中国红十字基金会的乡村医生培训计划，在北京接受了专门针对乡村医生的全方位培训。李春燕也成了爱心使者，她通过自己的影响力将爱心传递出去，为建设家乡多做实事。

也是在2006年，在李春燕多次反映后，当地党委、政府投资70万元修建的自来水工程顺利竣工，家家户户都用上了干净的自来水，解决了由于饮水不净致使村民常生一些怪病的问题。

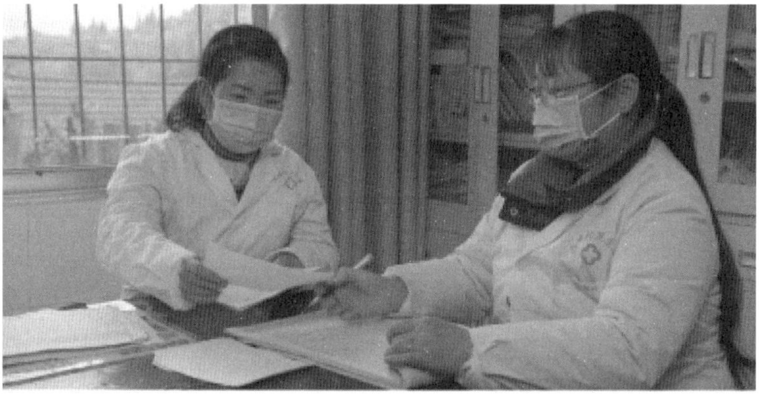

李春燕在新卫生院中工作

2008年，李春燕通过与强生集团（中国）公司协调，争取到10万元的物资捐赠，这些物资被捐给了大塘村小学的贫困生。

2009年，李春燕协同村“两委”跑到州县有关单位，争取到7万元，建成了大塘村“两委”办公楼。

2010年，李春燕争取到水泥136吨、沙子700多立方米，为大塘村建成了 5 千米的水泥步道，使村容寨貌焕然一新，将社会主义新农村建设深入推进。

2011 年，李春燕积极协调，争取县政府投资 100 多万元，修通了大塘村通村柏油路，全长 4 千米。

以李春燕名字命名的“春燕基金”让万名乡村医生得到了培训；上海宏康医院聘请李春燕为名誉职工，并向她所在的苗寨派出医疗队，为群众送医送药。

根据市场行情，李春燕带领村民分别试种夏橙、无籽椪柑、温州柑。2011 年，全村仅销售温州柑收入就达 7 万多元。在她的示范带动下，大塘村果农积极改换品种，从单一模式经营变为多种模式经营。现在，大塘村种有温州柑 350 亩、蜜柚 250 亩、甜橙 150 亩，丰富了水果品种，增加了群众收入。

此外，李春燕夫妇还创办了一个养猪场，年出栏肉猪 100 多头。为了对接猪肉市场，李春燕协同村“两委”积极向有关部门争取政策扶持，在从江县城开设了一个猪肉直销点，解决了村民的肉猪销售难题。现在，大塘村家家户户都养有肉猪 5 头以上，养 30 头以上的农户有 5 家，成为群众

明天会更好

增收致富的重要途径。

“明天还会遇到什么我不知道，但我只能就这样走下去了。因为父亲曾说过，再苦再累，也必须坚持！”李春燕的话语里流露着坚强。

参考资料

·《乡村天使——记从江大塘村卫生员李春燕》（《贵州日报·金黔在线》，2005 年 9 月 29 日。作者：黄诚克、杨志刚）

水井村的『采莲人』

王泽勇

王泽勇，男，苗族，1985年出生，贵州省安顺市普定县化处镇水井村第一书记（中国航空工业集团有限公司所属贵州新安航空机械有限责任公司驻村干部）。

☆2021年2月25日，被党中央、国务院授予“全国脱贫攻坚先进个人”称号

“哪怕只能帮一个人，做一件事，也是值得的”

王泽勇永远不会忘记那一年哥哥不得不放弃上大学的梦想时，哥哥和爸爸抱头痛哭的场景。王泽勇小时候家里生活非常困难，贫困带来的无奈和绝望，让学习非常优秀的哥哥被迫以高出录取分数线100多分的成绩，选择去读了中专，为的是能早一点工作挣钱，帮助父母和还在读书的弟弟。王泽勇看到哥哥此后就像变了一个人，再也不愿意回首那一段伤心的往事。随后，王泽勇自己也因为贫困在高二就选择辍学，外出打工，他最清楚贫困是如何毁灭一个人的理想、改变一个人的一生的。

年轻的王泽勇要和水井村村民一起扼住命运的咽喉

生活的苦难没有让王泽勇退缩，他越挫越勇。在靠打工积攒了一些钱后，他重新参加了高考，想要奋力扼住命运的咽喉。

如今的王泽勇已经是中国航空工业集团有限公司所属贵州新安航空机械有限责任公司分厂的一名副厂长。2016年初，王泽勇被中国航空工业集团有限公司和中共贵州省委国防工委选派为驻村干部，前往普定县化处镇水井村担任第一书记。这正合王泽勇的心愿，因为他认为自己很适合这项工作。出身农村的王泽勇，小时候就在心里埋下了一颗种子，那就是等自己有能力的时候去帮助更多人，给处在黑暗中的人搭把手。他深知，也许一个很小的善举，就会改变一个人甚至一个家庭的命运。

可是，在当时，他面临的第一个困难就是说服身边的亲人：孩子才2岁，正是需要父爱的年龄；父母岁数大了，也需要有人照顾。母亲刚听说他被选派驻村2年时，感到难以接受：“你一个月才挣3000多元，上有老下有小，还要还房贷车贷，你能不能先解决好自己的脱贫问题啊？”

聪明的王泽勇决定借助参加过抗美援朝、已经去世的外公的名头做母亲的工作。他说：“外公在朝鲜战场上失去了一条腿，却从不抱怨生活的艰难，始终有一颗乐观的心，始终对自己的牺牲无怨无悔，并且引以为荣。难道这不值得我学习吗？”崇拜外公的母亲最终被说服了。

做通了家人的工作，王泽勇毅然奔赴自己的新岗位，很快就融入水井村脱贫攻坚的工作中。

“强组织、建产业、亮新村”

“今天是我来到水井村的第一天，作为水井村的‘第一书记’，作为水井村脱贫攻坚前沿战线上的‘排头兵’，我深感责任重大，使命光荣。”这是普定县化处镇水井村“第一书记”王泽勇来到水井村时的第一篇驻村日记。

水井村位于普定县化处镇的西北部，占地 8.2 平方千米，含 10 个村民组、1070 户、4192 人，是该镇 8 个贫困村之一。水井村背靠朵贝山，磨香河穿村而过，窄口水库坐落于此，地势平坦开阔、阳光充沛、水源充足。在王泽勇眼中，条件这么好的一个地方，怎么会是贫困村呢？脱贫攻坚任务该如何破题呢？

走访调研是王泽勇到村后的第一项工作

“欲除穷根先寻根，入户访谈左右邻……”王泽勇到村的第一件事，就是走访调研。“走村串户须夜间，农家白天忙耕田。路远巷深柴门静，回来汗水透衣衫。这是我走村串户的真实写照。”王泽勇说。在走访中摸清底数，在调研中谋划发展，3 个月的时间，他遍访了村内的家家户户，民情日记上密密麻麻地记录了村情村貌、农户信息、产业基础等。他掌握了方方面面的情况后发现，水井村的贫困落后面貌是由于产业基础薄弱，地里种的多是玉米等低效作物，加上群众内生动力不强、村干部缺乏思路等问题造成的。

“水井村要发展，人要变，地也要变”

人如何变？只有人有了动力，乡村党组织才有活力，才能让群众找到发展的“主心骨”。王泽勇先为村党支部量身编制了《村党支部工作手册》，从党建入手，增强村干部队伍的战斗力和凝聚力。他召集村里的党员群众一起学习政策文件，四处走访了解各地产业发展经验，提高党员干群带领全村谋发展的能力。水井村持续抓基层党组织建设，培养了一批有信仰、有担当、爱农村、爱农业、爱农民、懂科技、能致富的新时代基层党员，成为全面推进和带动乡村振兴的有力保障。

对于抓党建促脱贫中遇到的突出问题，王泽勇建议：一要进一步抓好基层党建工作，做到“学用结合”；二要进一步把群众组织起来，抱团发展；三要进一步建强支部堡垒，发展村集体经济；四要依托中国航空工业集团公司的帮扶，加快整村脱贫步伐。他还特别提出了开展“航空科普进校园”等文化扶贫工作，激发孩子们的学习热情，在孩子们的心中培育一个航空梦。

“茶果上山、香葱进地、莲藕下田”

结合之前水井村及附近村有种植莲藕的情况，他和村“两委”一班人初步达成了种植莲藕的意向。但是，是否行得通呢？带着这个问题，他领着党员和群众代表到山东济南、济宁和云南等地进行考察学习，仔细问、认真听、细致记，结合当地阳光、土壤、空气等自然资源的实际，反复斟

水井村的千亩荷塘

酌，最后确立了“茶果上山、香葱进地、莲藕下田”的产业发展思路。

但茶果见效慢，水田又是村民们赖以生存的粮食来源，因此，一开始让村民流转土地规模化种植莲藕时，谁都爱搭不理。面对困难，王泽勇没有打退堂鼓。他先是带着群众代表去外地参观学习，让他们见识新产业的巨大效益。为了打消村民顾虑，村“两委”干部和党员群众带头流转土地。白天，大家都在地里忙活；到了晚上，王泽勇和村干部一起挨家挨户做工作，算经济账。

相邻村戛卧村也种藕，可是要么是花开得不旺，要么是藕产量低。为了避免水井村也出现类似的情况，王泽勇精心挑选了那些花期长、开得好、藕产量高的藕种来种。

一开始，王泽勇决定先在村“两委”带头流转的200余亩土地上试种莲藕。到了盛夏时节，大片荷花开了，前往水井村观赏荷花的游人渐渐多了起来，这坚定了王泽勇带领群众走“农文旅”一体化发展之路的信心。

2017年7月22日，在化处镇镇村两级组织的积极筹备下，水井村成功举办了首届荷花节，并且组织了万人徒步活动。面对一幅“莲叶何田田”的图景，大家仿佛走进了江南水乡。首届荷花节实现了旅游收入从0到22万元的突破。荷花节的举办给周边的群众带来了商机，有的农户卖藕粉一天能卖上万元，有的村民一天能卖1000多瓶矿泉水！“农文旅”融合发展的效应得到了彰显。

面对千亩荷海，王泽勇没有自满，而是开始和村民一起探寻一条延长产业链、增加产业附加值的渠道。“嫩荷叶做成荷叶茶，是清凉解暑的佳品。荷花开了，可以办荷花节。荷花还可以用来炒鸡蛋。每个莲蓬的批发价是 2 元，还可以做成工艺品，而一亩田至少有 2000 个莲蓬。品相好的莲藕可以走高档超市，品相差的莲藕可以做成藕粉。藕田里边还可以养鱼、喂黄鳝……”

虽然初战告捷，但是王泽勇依然感到重任在肩。如何更好地落实“四个不摘”的工作要求，更好地防止返贫？王泽勇决定持续发展莲藕产业。为了延长花期，让农业观光游时间更长，效果更好，王泽勇颇费了一番心思。除了在藕种上精心选择外，他还在栽种方法上进行创新，把藕田分成若干区域，实行错时栽种法，时间间隔在 20 天以上，这样可以延长荷花花期一个月以上，保证长期都有人来游玩，用大量的人气集聚财气。

荷花节既聚人气，又聚财气

“附近的很多人都爱来消暑纳凉，吃点烤串、唱唱歌。荷花节那天，我家的冰粉、凉粉卖了几百碗，赚了3000多元。”在水井村村民王亚琴看来，如果不是莲藕产业，她家就不会想着做卖冰粉、凉粉的服务业，是莲藕产业拓宽了她家的增收门路。

“我家开的‘藕御坊’农家乐经常都是满座的，有时候，想来吃荷花宴的客人都安排不了位置。”致富带头人吴海和说。

2020年1月，中央广播电视总台“家乡年货”摄制组来到水井村的“藕御坊”取景拍摄。名气大了，客流量多了，如何做好环境保护也是重点问题。王泽勇组建了卫生宣传监督小组，从35岁以下青年中选出了10名代表，在对群众的环境卫生意识和习惯进行宣传引导的基础上，加强了对荷塘保护的文明卫生劝导，劝导农家乐和饮食摊经营业户进行垃圾分类，不要乱排乱放，还利用暑假期间学生在家的机会，组织学生志愿者推广文明行为，劝导游客不乱折莲蓬，不乱吐乱扔。水井村更加美丽了，磨香河的水依旧清澈见底。

从2016年种藕、卖藕，到2017年、2018年销售荷叶茶、莲子、莲蓬，推广荷花宴、乡村游，再到如今的荷下养殖、藕粉加工，水井村的莲藕产业已经发展到1200亩，有农家乐4家，卖炸洋芋、冰粉、凉粉、烧烤、玩具的各类摊点60多家，七八月份日平均接待量2000人次，夜间也有1000多人次。

4年多来，村里合计入股分红50.4万元，务工收入70余万元，餐饮收入50余万元，全村人均纯收入从3821元上升到2019年的9851元，贫困发生率从2014年的17%降为零。

经过王泽勇和水井村村民的共同探索和发展，2017年，水井村成功举办了“万人健康徒步+赏荷”的活动，一举将水井村的美景和荷花通过游客的手机引爆了点击量，水井村也因此成为远近闻名的旅游乡村“网红打卡点”。人气聚拢了财气，水井村每年平均接待游客6万人次，4年来年旅游销售额均突破百万元。

在王泽勇的带领下，仅一年时间，水井村山上长满了茶树果树，山下

优质的水土产出优质的产品，水井村的藕浑身都是宝

300 亩的香葱长得郁郁葱葱。

看着水井村产业一步步发展壮大，村民们的荷包也鼓了不少，王泽勇却忧心忡忡：莲藕保存期短，许多莲藕运出去就坏了，产业要想长久，一定要找准一条可持续发展的道路。

为打好“莲藕经济”牌，王泽勇充分利用普定县朵贝茶的品牌优势，进行朵贝荷叶茶和绿茶加工，并通过网络销售新鲜莲蓬及莲子，大力发展莲子手工艺品加工，拓展莲藕产品形式，延长产业链。

水井村在县委、县政府的政策支持下，借助贵州新安航空机械有限责任公司的帮扶，大力发展莲藕种植产业，通过“支部 + 公司 + 合作社 + 农户”的组建模式，由村集体公司统筹全村产业的生产经营，并摸索出荷叶茶制作、荷花旅游、藕田套养、鲜藕出售、藕粉加工五种方法来确保莲藕产业的稳定增收，并通过网络销售、农超销售、农企销售和旅游销售这四大销售渠道，来解决产品的销路问题。

普定县化处镇水井村村民王凯贤说：“王书记驻我们村以后，带领我们搞产业、脱贫致富，现在我们已经过上了好日子。”

“些小吾曹州县吏，一枝一叶总关情”

王泽勇总是想村民之所想，从最基础的事情做起，从最急需的事情帮起，从最关键的事情抓起，为水井村把脉开方，动真情、用真心、出真力。

戛打组王某云一岁多的儿子患先天唇腭裂，因病致贫，无力承担昂贵手术费；周某贤，16 岁，孤儿，有轻微自闭症，已经 2 年没出过家门；贫困户周某国因精神疾病在浙江被强制控制治疗，靠其妻子一人在外打工供养一家老小，次子辍学……

像对待亲人一样对待村里的每一个人

王泽勇多方奔走，帮助王某云的儿子申请了“微笑贵州·唇腭裂行动”三次免费手术的救助；从安顺找来心理辅导老师，帮助周某贤做心理疏导，又几经周折联系到职业学校让其就读，免除全部学杂费，并为其争取到勤工俭学机会；联系社会人士对周某国家庭结对帮扶，帮助其子女入学。

水井村唯一的学校戛打小学有 230 余名学生，其中留守儿童 100 余人、贫困家庭儿童 50 余名。王泽勇邀请中航通飞公司“爱飞客”公益团队到水井村开展为期半个月的“飞常陪伴”公益支教活动，团队赠送留守儿童价值 3 万余元的学习用品、航模，捐赠价值 1.5 万余元的图书，通过一系列交流帮扶，放飞山区孩子的航空梦想。

工作中，王泽勇把群众的冷暖当作自己的家事，舍“小家”顾“大家”。每当周末和节假日，王泽勇就把妻子和儿子接到村里一起驻村。

“我们已经申报获得了青岛对口帮扶资金95万元，这段时间正忙于筹建藕粉自动化生产线。”如今在水井村，说起王泽勇，群众都竖起了大拇指。“王书记来水井后，真真正正沉下身子做事，建强了村支‘两委’组织；深入群众，解决困难问题，带领群众发展产业，跑销路。他是一个有思想、有思路、有干劲的‘第一书记’，是一个绝对称职的‘第一书记’。”水井村村支书董开明说。

“书记城里来，满身帮扶经。走村又串户，带来新门路。干得好不好，老少都知晓。要问亲不亲，胜似一家人……”这是普定县化处镇水井村群众自编自唱的布依山歌。被这里的乡亲们交口赞誉的书记，就是王泽勇。

2018年3月，驻村满2年的王泽勇即将结束任期，回到原工作单位。但2年相处下来，水井村乡亲们不舍得放走这位从企业来的“航空书记”。他们通过镇党委向县委组织部提出申请，挽留王泽勇，希望他继续驻村。在申请书上，村民们摁下了一个个鲜红的手印，也捧出了一颗颗真心。王泽勇也下定决心：水井村一切都才刚起步，自己应该留下来。

驻村帮扶期间，王泽勇先后获得了贵州省扶贫开发领导小组授予的“贵州省脱贫攻坚先进个人”、中共贵州省委授予的“贵州省优秀村第一书记”、国务院国资委授予的“中央企业优秀共产党员”、中国航空工业集团有限公司授予的“风云人物”和“优秀共产党员”等荣誉称号。

2020年10月17日上午，在北京举行的2020年全国脱贫攻坚奖表彰大会上，王泽勇作为贡献奖获得者之一受到表彰。1600多个日日夜夜的奋斗与探索，让他收获了属于自己和水井村的幸福感。

但王泽勇不骄不躁，仍脚踏实地为水井村村民谋福利。下一步，他计划主要围绕全村的产业来进行产业升级，拉长深加工的产业链，从而给全村提供更多的就业岗位，稳固脱贫成果；同时，也要提升全村的精神文明建设，继续发展村里的乡村旅游，依托布依文化打造水井村的荷花节品牌，把全村的第三产业再推上一个新的台阶。

王泽勇享受到的荣誉是自己的，也是水井村村民的

“未来的水井村，将是一个让城市人羡慕的农村”

“人勤花开早！花开也会挑日子，水井村的第一朵荷花开放了。”2020年5月21日，王泽勇在微信朋友圈发了这样一条信息。水井村千亩荷塘中点缀着零星的稻田，荷花香混合着稻花香，在空气中飘溢。熙熙攘攘的游客尽情呼吸着，享受着。

2020年，水井村荷叶茶加绿茶的销售额突破了110万元。目前，藕粉的销售额已经突破了40万元。近几年来，水井村连续4年举办“荷花节”，实现旅游收入突破130余万元。有110余户村民参与乡村旅游的发展，为全村增加了600余个就业岗位。

尽管会有离开村子的一天，但王泽勇下定决心：一定要在离开之前，让水井村的发展更加可持续。

对于水井村今后的发展，王泽勇有自己的思路：水井村的莲藕为一年一季生的无公害蔬菜，品质好，水井村莲藕将坚持走无公害、循环农业的路线，全力打造从种植到加工为一体的产业链；在基础设施方面，水井村将依托“美丽乡村”建设，加强小康电、小康水、小康路、小康房和公共服务设施建设，打造农旅结合的乡村旅游；在精神文明方面，水井村将在制定新的村规民约和规定“十不准”的基础上，积极引导群众提高自我发展的积极性和主动性，通过“硬约束”带出好民风。

“听了习近平总书记所作的十九大报告，我内心十分激动与振奋。在党的十九大召开后的未来五年，农村将成为让城市人羡慕的农村，而我们水井村也将战胜贫困、实现飞跃，成为远近闻名的小康村、幸福村。”在村“两委”十九大精神学习会上，王泽勇激动地说。

深入学习贯彻十九大精神，把水井村建设成为城里人羡慕的地方

党的十九大召开期间，王泽勇每天晚上都会组织村支“两委”、党员干部学习交流十九大报告精神，让大家畅所欲言、各抒己见、统一认识。村支书董开明说：“现在我们水井村党员干部的精气神十分好，大家学习的热情十分高涨，对未来5年水井村的发展充满了期待。”

10月28日是水井村每月的“党员活动日”。虽是周末，但王泽勇依然选择坚守，带领村支“两委”、部分党员代表，深入各村民小组召开院坝会，学习十九大精神、新修订的党章，并将水井村脱贫攻坚秋季攻势推进情况和下一步打算向党员群众进行通报，鼓励大家凝心聚力，再获新成效。

下一步，王泽勇将不断提高水井村党组织引领村民脱贫致富的能力，为水井村取得乡村振兴的最后胜利奠定坚实基础。

（由王泽勇本人提供相关资料）

新时代最美『火焰蓝』

九江市消防救援支队

九江市消防救援支队始建于1949年，现有17个大队、101个消防救援站、664名消防指战员、专职队员（文员）655人，承担着守护江西北大门1.9万平方公里土地、520万群众消防安全的神圣使命。多年来，他们忠诚履职、勇立潮头，圆满完成各类急难险重处置任务，为维护人民生命财产安全作出了突出贡献。

☆先后荣立集体一等功1次、集体二等功1次、54项省部级以上荣誉，连续10年被评为全省先进单位

☆2020年8月31日，中共中央宣传部授予九江市消防救援支队“时代楷模”荣誉称号，称他们为“水火见忠诚的英雄卫士”

没有丝毫怨言、没有任何杂音、没有一人掉队

2018 年 11 月 9 日，习近平总书记亲自为国家综合性消防救援队伍授旗并致训词——对党忠诚、纪律严明、赴汤蹈火、竭诚为民。九江市消防救援支队（简称九江支队）全体指战员按照党中央统一部署，在习近平总书记重要训词精神的指引下，自觉对标“全灾种、大应急”新的职责，主动扛起应急救援“主力军、国家队”的光荣旗帜，重整行装再出发，换羽新生踏征程，逆火而上、向险而行，以实际行动诠释最美逆行者的良好形象。特别是在 2020 年九江发生的鄱阳湖流域超历史大洪水面前，九江支队全体指战员坚持“人民至上、生命至上”，冒着生命危险深入灾区，先后营救疏散群众 1.3 万余人，让“火焰蓝”成为抗洪抢险战场上最亮丽的风景线。

作为一支脱胎于人民军队和公安机关的纪律队伍，九江支队有着光荣的历史和优良的作风。共和国历史上，消防队伍曾历经 8 次改革，每次改革，他们都坚决服从命令、听从指挥。特别是 2018 年，党中央作出消防部队集体退出现役的重大决策后，全体指战员坚决贯彻习近平总书记重要训词精神，迅速脱下“橄榄绿”，盛装“火焰蓝”，没有丝毫怨言、没有任何杂音、没有一人掉队。

火焰蓝，代相传

防患未然保平安，优化服务惠民生

九江支队始终把人民群众放在心中最高位置，为民奋斗、保民平安，在大灾大难面前奉献大爱，守护九江市连续16年未发生一起较大以上亡人火灾，以实际行动向辖区群众传递着党和政府的温暖。

九江是江西省石化产业集中地，有全省唯一的炼油厂、最大的成品油库和亚洲最大的有机硅生产基地，一旦发生火灾，后果不堪设想。多年来，九江支队始终将化工场所火灾隐患作为每年专项整治行动的重要内容，与行业主管部门常态化开展联合检查。近年来，九江支队指导全市200余家化工企业编制火灾防控“一厂一册”，推动建立企业专职消防队、

“一警六员”消防技能培训

微型消防站、工艺处置队，有效提升了火灾防控水平。九江支队紧盯“小火亡人”事故症结，持续推进电气火灾、高层住宅等专项治理和消防安全示范社区创建，在各类企业单位、居民小区、九小场所等开展“一警六员”消防技能培训。通过多年努力，培养了19万余名“见火不慌、抬手就打”的“准消防员”，及时有效处置了30%的初期火灾。

九江支队坚持从百姓看得见、摸得着的实事入手，深化“放管服”改革，出台《优化消防营商环境实施办法》，强化“互联网+消防服务”平台应用，推出“一窗式受理”“一站式服务”，推行消防业务办理“只跑一次”和“一次不跑”改革。

一切为了人民的安全！九江支队推动广泛普及和牢固树立消防安全意识

九江支队坚持把人民群众幸福感、满意度作为检验工作成效的根本标准，先后成立“学雷锋志愿服务队”17支，累计捐献爱心款200余万元，帮扶2个贫困村实现脱贫摘帽，资助12名贫困学生完成学业，让“火焰蓝”形象深入人心。在疫情防控期间，九江支队组建18支志愿服务队，深入定点医院和社区街道开展防火检查、洗消杀毒、运送物资等服务，做好疫情防控和社会稳定工作。

坚持练体能与练技能、练指挥与练战术、练协同与练保障相结合

苦练各种技能和过硬本领（张玉/摄）

改革转制后，九江支队立足“全灾种、大应急”和“主力军、国家队”的新定位，坚持正规化、专业化、职业化方向，先后组建石油化工、

抗洪抢险、地震山岳等专业队伍，不断练就科学高效、专业精准的过硬本领。这让九江支队的体能考核优秀率连续多年在江西全省排名前列，连续5年获得全省实战化练兵竞赛前三。近年来，九江支队还与九江市海事局签订战略合作协议，系统培养具有国家资质证书的114名舟艇驾驶员和28名救生员，确保了每个基层队站至少编配3名专业舟艇驾驶员和1名救生员。坚持每年都把队伍拉到长江里、鄱阳湖上开展冲锋舟救人、武装泅渡、远程抛投攀爬等实战实训，全方位检验和锻炼了队伍各项能力，为打硬仗、大仗、恶仗打下了坚实基础。

在业务工作上，作战训练科科长覃旭华一步一个脚印，踏踏实实，潜心钻研，刻苦训练，通过培训、自学等形式，成了绳索技术、水域救援、高空山岳、地震救援能手。

2018年，东盟地区论坛城市应急救援研讨班技术交流会在广西消防训练基地举行。覃旭华主动请缨，结合多年的战训经验，带领绳索技术交流小组，代表江西总队与来自中国香港、澳门特别行政区以及马来西亚等国家的同行进行技术交流，得到一致好评。

覃旭华即将带队出征

2019年，全国首届“火焰蓝”比武竞赛在浙江绍兴举行，覃旭华负责的四大科目中有3个项目进入决赛，并获得纵深灭火操全国第二名的好成绩。历年来，在全国、江西省岗位练兵中，总能看到覃旭华的身影。从队员到教练，他带领的参赛队伍始终站在江西省的第一方阵。

抗洪救灾，“火焰蓝”一直在路上

2020 年，江西遭遇历史罕见洪涝灾害。随后，由于连续大雨造成山洪、内涝等灾害迅速增多，鄱阳湖突破有水文记录以来的最高水位。

灾情就是命令，防汛就是责任！在防汛救灾的紧要关头，九江市消防救援支队始终贯彻落实习近平总书记关于防汛救灾工作的重要指示精神，主动扛起救民于水火、助民于危难的使命责任，用实际行动践行习近平总书记的训词精神，展现了新时代“火焰蓝”的使命担当和时代风采。

奋战在抗洪救灾第一线

2020 年 7 月 2 日，九江支队向全体指战员传达抗洪“动员令”，先后 400 余名指战员递交请战书，吹响抗洪集结号。7 月 4 日，九江支队集结精干力量组成 3 支突击队抵达湖口、彭泽、特勤三地前置备勤，做好随时战斗准备。同时，九江支队党委在彭泽、湖口成立 2 个临时党支部，组建党员突击队 18 个，设立党员先锋岗 40 处，成立 2 个政治工作小组、4 个政治工作小分队，充分展现了基层党组织战斗堡垒作用和党员先锋模范作用。

2020 年 7 月 12 日，江西修河三角联圩决堤，导致九江市永修县三角乡 2.3 万人受灾。在持续一个多月的抗洪抢险战斗中，九江支队所有指战员全部投入战斗，他们扛着党旗、队旗，白天连着黑夜，暴雨接着高温，战泡泉、堵管涌、救灾民、排内涝，用忠诚汇聚精神力量，用纪律凝聚过硬作风，用战斗扛起使命担当，用服务守护百姓安康，营救疏散群众 1.3 万人，实现“零遗漏、零伤亡、零事故”。

营救疏散被困群众

力挽狂澜的数据背后，是指战员一双双磨出血泡的手……

2020 年 7 月 7 日，九江市彭泽县杨梓镇金峰村雷洲组发生内涝，村庄一片汪洋，抗洪突击队立刻出击，橡皮艇在洪水中往返 3 趟，安全转移被困群众 15 人。7 月 8 日，第三轮强降雨开始，都昌县大港镇突发山洪，盐田中学 471 名师生被洪水围困，校园内水深达到 1.2 米，九江都昌县大队立刻派出 20 名指战员组成党员先锋队，驾驶 3 艘橡皮艇前往救援。历经 5 个多小时、连续往返 40 多趟，成功转移出 471 名师生。

7 月 10 日，永修县九合乡圩堤出现几十处泡泉，情况严峻。永修县大队全体指战员赶到现场紧急处置，所有指战员齐心协力传递沙袋，一声声呐喊给自己加油鼓劲，累了就倒在泥里躺一躺。双腿在水中浸泡 30 多个小时，尽管白天有太阳暴晒，晚上有蚊虫叮咬，浑身疲惫不堪，大家依然不叫苦、不叫累，直到所有泡泉被堵上。7 月 11 日，濂溪区新港镇东升圩堤出现险情，九江支队前置备勤指战员作为第一批抗洪抢险突击力量赶赴现

大灾来临也要奋力确保人民群众生命财产安全（傅建斌/摄）

场。此时，鄱阳湖的水位距离东升圩堤顶部只有1米的距离，水浪在风力的作用下拍打着堤岸，情况十分危急。突击队立即展开堵漏行动，大家在高温炙烤中扛沙袋、筑子堤，一天之内就筑起了一道高1米、长13527米的子堤防范洪水。

10余天下来，九江支队闻汛而动、向险而行、奋战在抢险救援最前沿，共完成与时间赛跑、与洪魔斗争的战斗239起，出动消防车636辆次，冲锋舟、橡皮艇761艘次，营救被困人员3757人，疏散群众9458人，成功完成了一次次“极限挑战”，赢得了党委政府和广大群众的高度赞誉。这每一个力挽狂澜的数据背后，都是九江支队全体指战员用一双双磨出血泡的手、泡得发皱的脚，还有晒伤的胳膊、捂满痱子的后背、沙哑的喉咙、不眠不休的坚守换来的。

“我本以为他会哭，但没想到他居然对着我甜甜一笑……”

2020年7月8日下午4时，23岁的共产党员、都昌县迎宾大道消防救援站副站长向卫强接到警情，大港镇梅溪村有一户人家因山洪被困家中。此时，离报警地不远的向卫强刚结束当天的第二起救援。接到消息，他立马收拾装备带队赶赴梅溪村。到现场一看，原来这户人家房屋旁边有一条小溪，因为连续暴雨持续涨水，冲断了那条通往外界的唯一一座桥。当时一共有5人被困，包括2个老人、2个孩子，还有1名坐月子的妈妈。考虑到被救人员的特殊性，指挥员决定放弃绳索而采用拉梯。为防止拉梯被水冲击造成摇晃，又在梯子两头各安排一个消防员用膝盖顶住，起到固定作用。向卫强第一个冲进洪水，他说："我是队长，我第一个进！"

看到向卫强出现，年轻的妈妈赶紧把还未满月的婴儿交到他手上。"孩子特别小，软软的，我只能用胳膊托着他的后脑勺。"还没有结婚的向卫强说他特别喜欢小孩，虽然没经验，但当时接过孩子的那一刻，他觉得"心都化了，不惜一切也要把孩子带出去"。在洪水中临时搭起的拉梯，即便是一个人爬，也需要极大的勇气和极好的平衡感，更何况他还带了一个还未满月的婴儿，难度可想而知。向卫强想了一个好办法：把孩子用床单绑在自己胸前，这样就可以腾出手，在护住婴儿的同时，还可以尽可能保持平衡，不让自己和孩子掉到水里。胆大心细的向卫强成功了，这个刚出生十几天的婴儿在甜甜的睡梦中被世界上最温暖、最坚实的"铠甲"护送到安全地带。当天中午，向卫强还成功从洪水中带出一个3个多月的小宝宝。当时，他抱着宝宝，扶着墙，一步一步往外挪。暴雨很快就把他特地为宝宝挡雨的伞吹跑了，雨水打在他和宝宝的脸上。"我本以为他会哭，但没想到他居然对着我甜甜一笑。那一刻，我感觉到了作为消防员的价值和意义。"向卫强对这一情景记忆犹新。

消防员抱出被困婴儿

“因为我的每一次逆行，都可以守护一方平安、万家灯火”

“下这么大的雨，积水又这么深，孩子怎么过去考试呢?”

“是啊，这 2020 年可怎么办啊? 耽误了高考，可就误了孩子一辈子啊。”

7 月 8 日一大早，江西湖口县三里大道，一群焦急的家长陪着到湖口二中参加高考的孩子，望着必经之路上的内涝一筹莫展。

就在这时，一群橙色的身影出现在人群之中。“各位考生、家长不要担心，我们这就送你们过去。”说话的小伙子叫方震，是湖口县石钟山大道消防救援站的指导员。方震一边安慰发愁的考生、家长，一边指挥队员们准备救援装备。

皮划艇很快就位，方震迅速组织现场考生有序登艇，并派人到周边把考生集中起来。为了不让考生打湿衣物，特别是考试证件等，消防员们先是用皮划艇把考生转移到浅水区，然后再从皮划艇上直接背着或抱着和自己身高体重差不多的考生到达无积水地带。就这样，一趟又一趟，方震和队友们在水里来来回回走了十多遍。

总算可以顺利参加考试，坐在皮划艇上的考生长出一口气，纷纷向消防员表示感谢。方震笑了笑，说道：“今天我们服务你们，明天你们服务社会，祝你们取得好的成绩!”上午 9 点，再三确认所有考生都已经走进考场后，在水里泡了近 3 个小时的方震露出了灿烂的笑容。

7 月 13 日，一位老人被洪水围困的时候对着滞留的鹅心痛不已，带队的支队长马剑明当即决定把几十只鹅全部买下，让灾民安心转移。17 日下午，永修县消防救援大队接到立新乡鄢湾村一户村民求救，该村民以做米粉为生，因家里进水，1000 多斤米粉被困，再不送出去就要发霉。永修县消防救援大队建昌大道消防救援站班长袁展满带队第一时间赶到现场。当时气温高达 37℃，袁班长自洪灾以来一直在前线抗洪抢险，虽然他已经非常疲惫，背上也被晒掉了一大块皮，但当接到警情时，他主动申请带队赶去救援。报警人说，那 1000 多斤米粉是他家最主要的生活来源，如果泡水

消防员利用橡皮艇护送高考学生

将分文全无。袁展满为了把损耗降到最低，每次只搬100多斤到皮划艇上，这样来回十几趟，终于把1000多斤米粉全部转移到岸上。搬运结束后，袁展满看到米粉厂老板因为洪水而苦于销路，又主动帮着联系认识的餐饮店，一家一家询问，最后终于联系到一家正好需要米粉的早餐店。袁展满长舒一口气："所谓竭诚为民，大灾难面前除了救命，也要让他们有生活下去的信心。卖米粉对于我是举手之劳，但是对于老乡来说，就是重建家园的曙光。"

袁展满已经成长为成熟干练的人民消防员

在洪水里拼命的袁展满，就连吃饭时都对着洪水的方向。问他为什么这么拼命，他说："1998 年，我被洪水困在自家房顶，是上一辈消防战士把我救出来的；现在，换我来守护我的父老乡亲。"

在灾后重建期间，九江支队主动作为，靠前服务，顶风冒雨架起百米"爱心浮桥"方便群众出行，昼夜不息开展排涝清淤作业，主动让出宿营车给安置点群众洗澡，肩挑背扛帮助受灾群众抢收稻谷。

在永修县湖东学校等灾民安置点，九江支队防火人员通过赠送慰问品、发放消防安全图册、开展消防安全授课和消防基本技能实操实训等方式，为安置点灾民撑起"防火伞"。除了防火安全保障，消防员还为受灾的群众送去了大米、食用油、矿泉水、花露水等急需的生活物资，并配发了 300 余具灭火器，确保灾民不受二次伤害。

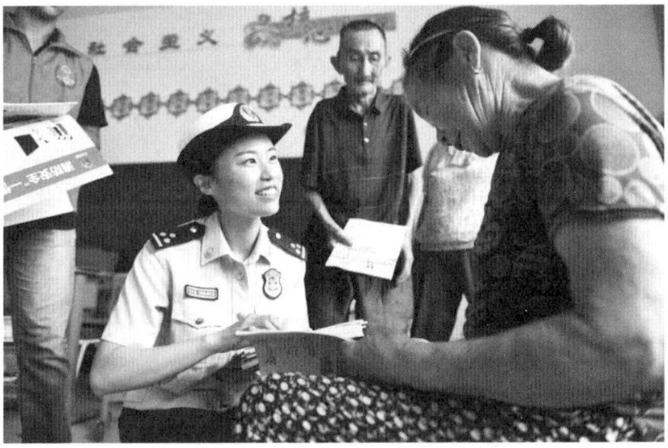

消防员入户宣讲消除防知识

"永远竭诚为民，把人民的褒奖作为最高荣誉"，这对九江市消防救援支队全体指战员来说不只是一句口号，而是早已化为自觉的行动。

（由江西省九江市消防救援支队宣传部提供相关资料）

永远的新校长

王欢

王欢，女，汉族，1962年3月出生，大学本科学历，正高级职称教师。现任第十三届全国政协教科卫体委员会委员，北京史家教育集团校长。

☆曾获得全国优秀教师奖章、全国五一劳动奖章、全国“三八红旗手”等荣誉

☆享受国务院特殊津贴

要让老校长“人走茶不凉”

2010年初，王欢走进北京史家小学，接棒老校长卓立。北京史家胡同，中华“胡同文化”中非常著名的一条胡同；北京史家小学，北京小学教育界、全国小学教育界最为著名的一所小学；卓立校长，中国当代小学教育界堪称教育家的大师级著名校长。地域著名、学校著名、前任校长著名，如此背景下，“接棒”的新校长难免感到泰山压顶、前行无涯，盛名之下，难以起步。

十分可喜的是，王欢校长不仅顶住了各种压力，而且站在卓立校长这一“高山”和“巨人”的肩上，成功地把学校带上了一个更高的高度、全新的高度，也让自己成为一个在全国知名度很高的好校长。

王欢是一位有着大智慧的好校长，之前已担任过两所小学校长的她深知老校长卓立提出的“和谐教育”理念深入人心，是学校发展的宝贵资源。她认为：好的教育必须要“坚持”、要“传承”，唯有在不懈的坚持下、不断的传承中，才有可能真正实现创新，完成可持续发展和飞跃式发展。正是基于这样的理念，在她走进史家小学以后，首先做的事情就是学习学校的历史，学习前任校长为学校提出来的教育思想；在梳理总结的基础上，她坚持以卓立校长提出的“和谐教育”办学理念为指引，以培养“和谐的人”为育人目标，以“人与社会、人与人、人与知识、人与自身、人与自然”的和谐为和谐的五大支柱。

王欢认为，新校长与老校长之间不仅要做好工作交接，而且要做好情感交接，做到“人走茶不凉”。她组织师生为老校长举办了题为“卓行教育 立新和谐”的从教50年庆典活动，还以几位获奖老师自愿捐赠的奖金为起步资金，设立了“教育家卓立奖”，把第一枚奖章颁给了卓校长。王欢深知：一所学校的校风文化是多年的积淀形成的，具有很强的稳定性和延续性，是一所学校被称为好学校所必不可少的决定性因素之一。王欢这一代人有责任把几十年来历届老校长和师生赋予史家教育的质感和温度传递下去。

位于北京市东城区史家胡同的史家小学

史家小学的多个“第一”

“这所学校从建校初期到它的整个成长过程，都和国家发展的许多历史节点紧密联系。”王欢说。史家小学有着许多“第一”的骄傲，这些骄傲代表着“史家人”谱写历史、开拓创新的每一步。

30多年前，《光明日报》曾刊发《校园中升起第一面五星红旗》的报道，说的就是史家小学率先开创的每周升旗仪式。作为对学生进行爱国主义教育的重要环节，几十年来，史家小学的升旗仪式都非常隆重而庄严。

同样在30多年前，史家小学率先成立了属于学生们自己的“红领巾电台”，鼓励学生们去发现和传播身边的故事。如今，红领巾电台已经发展成了“史家传媒”，有多个频道，报道了很多学校大型活动，并与新时代的育人理念和实践紧密相连。

史家小学还曾率先成立了儿童公益组织——阳光公益社，让孩子们通过服务他人、服务社会来促进自己的成长。

这些个“第一”，让从史家小学走出的学生表现出自信、阳光、努力的气质，也让王欢深切地感到，作为史家教育集团的新一代“掌门人”，有责任继续“史家人”对教育的不懈追求。

在王欢倡导的“返本开新”的办学精神氛围中，史家小学的和谐教育理念得以不断生发。

“史家人”和他们的和谐教育理念

教育让人心暖、心软

有一次，王欢接受采访时，正赶上气温骤降。看到记者穿着一身单薄的风衣走进办公室，王校长几步走上前来，热情地握住记者的手：“你的手太凉了，得喝点暖和的。”她拿出小桌上摆的瓶瓶罐罐。“西洋参？”她低声说：“年轻人受凉了，还是喝点维C泡腾片更好。”记者坐下来接过这杯饮料，手心里传来暖意，心里那份赶路的焦急和受寒的狼狈都消失了。虽然是第一次见面，但是体贴、细心的王校长就如同这杯温暖的维C饮料，带着丝丝沁人心脾的甜意，让人放松下来，愿意和她亲近，想要倾听她的故事。

王欢认为，教师要能潜心育人，有执着于教育的定力。当内心中有了一种热爱，就会有温度，就会有心软之处，就能关注到孩子在成长中的所有细微点。

在孩子的学习过程中，最重要的就是两个字：成长。小学阶段，孩子是在不断出现问题的过程中成长的。大人希望他们不出一点问题，或是成长得特别完美，这些都是不可能的。孩子就是在不断犯错中成长的。老师如果尊重孩子“长”的规律，就会对他们有很多的爱和关注。有了这份爱和关注，自然就会心软，会对孩子有很多真心的关照。

学校不是绝缘体，老师也可能会承受社会上各种价值观的冲击。所以，做这份工作，需要情怀和境界。公办教育是为了给国家培养人，教育者要为国家和民族的未来有所担当。老师有了对学生的热爱和对教育的定力，才会全身心投入到工作中，自动去屏蔽那些嘈杂的声音，自己进行调整，而不会有职业倦怠。

“我从选择做小学老师到现在已经40年了，从来都没有动摇过。因为物质利益不是促使我对工作执着追求和热爱的理由!”这是王欢由衷的感言。

“理想的教育是理性的设计和感性的实践”

王欢校长是一个将理性与感性完美结合的好校长，这与她的“理想的教育是理性的设计和感性的实践”这一认识是分不开的。还在执掌北京府学小学的时候，王欢就基于这种认识提出了“管理驾驶舱”的管理理念。进入史家小学以后，她又提出了创拓“和谐+无边界”教育的学区模式，整体建设“无边界”学区的主张。她还提出了进一步丰富和完善“种子计划”这一核心战略，构建并实施“无边界课程”。在教师队伍建设这一命题上，王欢校长则提出了“教师要争取做领袖型教师”的主张。她还明确提出，校长要成为英雄的制造者，唤醒一大批可以成为教师领袖的“沉睡的巨人”，让他们成为改革的排头兵。

校长要成为英雄的制造者

正是基于以上思考，王欢校长在史家小学走向“集团化”的过程中，在教师队伍建设上使出了一个又一个“高招”：一是尊重教师，即尊重教师对教育的热爱和自觉，尊重教师的人格尊严；二是赋权于教师，包括赋予教师专业发展的空间，赋予教师专业自主权，赋予教师专业决策权；三是推动教师自觉反思，即“从成功中反思成长的核心要素”，学会并坚持职业化思考问题。如此的队伍建设举措，逐渐使史家小学的教师们能够以研究者的角色进入课堂教学实践，对自己的教育行为加以审视、反思、研究、改进，从而以一种更加专业、不可替代的身份参与到改革中，进而获得专业身份认同与集团身份认同，使整个学校的教师在专业成长中互为领袖、互为追随者。

王欢校长有一本专著，名叫《永远的新校长》，她对此的解释是：这个“新”，既是说自己刚到史家小学不久，也是说教育无止境，总会面临新问题，遇到新情况。当我们走近王欢校长的时候，我们一定还会发现，这个“新”，还有着心态年轻的意思，那就是：永远活力四射，永远不忘初心，永远热爱教育。

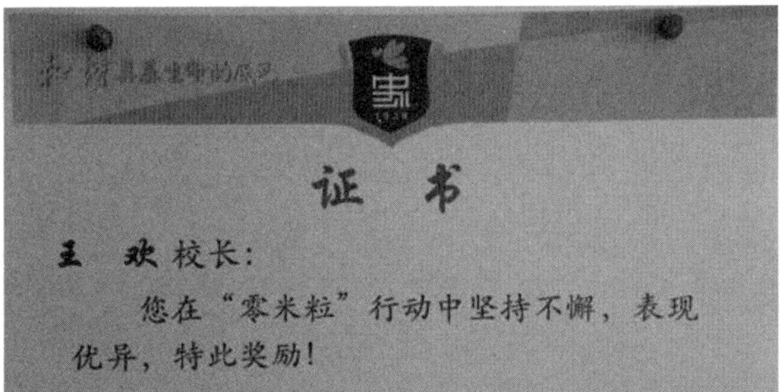

孩子们为自己敬爱的校长颁发的奖状

王欢就是这样一位校长，做一个平静的、温婉的人，好好地享受教育带给自己的幸福人生。作为校长，与自己的团队，与自己的学生，与学校，与家长，与社会共同成长和进步的每一天，都是全新的。

王欢和她的“种子计划”

王欢对新时期教育体制改革有着朴素的认识，她认为：教育好一个学生则幸福一个家庭，办好一所学校则幸福一方社会；一所优质资源校的资源绝不是自己的，一个好校长一定要坚持把优质的教育资源向着更多的学校、更多的地方辐射。王欢接任校长后不久，就提出了以“种子计划”为主体的和谐教育实践体系。在教育综合改革中，王欢带领全体“史家人”探索实施集团化办学模式，得到了北京东城区委区政府的大力支持，成为学区化改革中第一个吃螃蟹的人。

从深度联盟到“一长执两校”、再到“一长执四校”，王校长用了一个公式来表示史家小学的办学模式，即“1+1+11”，也就是一所优质校（史家小学），加一所联盟校（东四七条小学），再加上为周边同一学区的11所学校提供教学支持。2年内，史家小学为学区内其他学校提供了6000多课时的课程，共有4万多名学生受益。王欢把史家的品牌越做越大、越做越强，史家的优质教育资源及理念已经大面积地辐射到周边。现在的史家小学，已经不再仅仅是一所传统意义上的优质校，更像是一个教育的优质资源库。

教育改革的核心是优质教育资源社会共享

集团成立后，王欢提出以“和而不同、共同发展”——即“和谐+”为集团理念，集团所属各校分别提出了“和谐+生态”“和谐+七巧”“和谐+适合”“和谐+同行”等校区理念，形成了特色突出、层次分明、逻辑自洽的价值认同。各校以“相同的舞台、共同的未来”为愿景，积极整合各种教育关系，最大限度地推进优质教育资源的全社会共享，为实现教育事业的公平公正作出应有的贡献。

让社会主义核心价值观落地

王欢认为，以集团化办学实践回答“培养什么人”这个教育的首要问题，决定了我们不仅要办公平且有质量的教育，还必须切实把社会主义核心价值观融入教育全过程，并转化为学生的自觉追求。

她主张通过立德来树人，努力把每个学生培养成为具有社会责任感、创新精神、实践能力的有用之才。在此过程中，她和同事们把如何使社会主义核心价值观落地、与集团和谐教育有机结合当作培育和践行社会主义核心价值观的首要关注。为此，对应社会主义核心价值观的三个层面，他们着力培养学生热爱祖国，建设“富强、民主、文明、和谐”的国家；关心社会，构建“自由、平等、公正、法治”的社会；完善个人，塑造“爱国、敬业、诚信、友善”的品格。这就很好地解决了“立什么德，树什么人，怎样立德，怎样树人”的问题，形成了马克思主义关于“人的全面发展”理论与中国传统文化当中“修身、齐家、治国、平天下”主张的有机融合，并以此致力于培养德智体美劳全面发展的社会主义建设者，最终将

王校长接受采访

史家小学的和谐理念升华为更高层次的家国情怀。

在办学过程中，王欢潜心立德树人，为中国基础教育发展贡献了诸多带有原创性的研究成果与改革经验。学校被评为全国教育系统先进集体，育人成果荣获国家级教学成果一等奖 1 项、二等奖 2 项，教育部两次发函推广史家经验。王欢的个人著作《永远的新校长》《和谐教育》正式出版后广受好评。她所主编的德育、健康、安全、体育、艺术、人文等多个领域的校本教材在全国公开发行。她的多篇学术论文在《中国教育学刊》《人民教育》《中小学管理》等各大期刊发表。

拒绝“不出汗”的体育课

在青少年儿童中，“小眼镜”“小胖墩”“小豆芽”现象突出。对此，全国政协委员、北京史家教育集团校长王欢建议，把握体质提升这条学校体育工作主线，拒绝“不出汗”的体育课，让“文明其精神，野蛮其体魄”成为每一个孩子的“生命双螺旋”。

第十三届全国政协代表王欢力主从观念上和法律制度上为培养健康和全面发展的孩子保驾护航

“要跳出‘温柔体育’的陷阱。只有让206块骨头硬起来、639块肌肉动起来，才能让孩子的胸膛挺起来、民族的脊梁撑起来。”王欢说。当前，“不出汗”的体育课现象充斥校园，学生体质亟待改善。分析原因，她认为，不少学校管理者和教育者不同程度地存在“重智育、轻体育”的认识误区，而工具化、功利化的教育观也成为学校体育发展的桎梏。

全国政协代表王欢建议，应该调整应试“指挥棒”，充分认识到体育在培养学生爱国主义、民族认同、意志品质等方面的作用，把体质提升与素质提高衔接起来，将个体成长与国家发展结合起来。教育工作者既要关注运动技能培养，又要重视锻炼效能增长，充分汲取有关体育促进青少年大脑发育、提升学习品质的研究成果，不断促进学术成果转化，进一步推动以体育为坚实基点的德育、智育、体育、美育、劳育“五育融合”。构建多方协同推进机制，家长、学校、社会三方携手促成校园体育、家庭体育、群众体育的良性互动。同时，专业部门应开展运动风险防控、运动负荷评估等问题研究，指导学校制定切合实际的学生运动强度标准；政府部门应明确校园体育运动风险的责任划分，建立防控处置机制，解除学校后顾之忧，为体育工作创造良好法治环境。

唤醒孩子的心灵，静待心灵花开

王欢认为，现在的学生视野宽广，和原来完全不一样。随着学生实践能力和综合素养的增强，建立多元教育评价体系也成为必须。北京市中小学的一项课程改革的内容是让10%的学科实践课程进入课表，以撬动其他课程改革。围绕着这次的课改，王欢他们进行了深入的思考，倾注了极大的热情。

史家小学秉承“无边界”课程理念，拓宽课程存在场域、创新课程开发模式，从中华优秀传统文化中汲取课程营养，与中国国家博物馆联合进行博物馆课程研发。在这个过程中，学习是一种开放的状态，王欢称它是“博悟课程”。“博”是无边界，指向学习内容和方式的丰富与广泛。“悟”是让学生体验、参与，最后有了思考和触动。课程里有一个主题叫“心有灵犀”。老师提出问题：心有灵犀的“犀”是指犀牛吗？如果是的话，中国境内现在是没有野生犀牛的，那我们的老祖宗怎么会造出这个词呢？

和孩子们在一起

于是，学生们开始讨论、琢磨，用各种方式进行学习。最后，他们知道这个“犀”就是指犀牛，“灵犀”就是犀牛角。他们还查到，有一片甲骨文，上面写着一个王带着族人去猎杀犀牛，一次猎杀了 70 多头。《诗经》中说“称彼兕觥，万寿无疆”，“兕觥”就是犀牛角。但到现代，由于多种原因，中国境内的野生犀牛灭绝了。咱们国家出土的石犀牛、铁犀牛多着呢，后来都当成神物了。最后，孩子们联想到现在一些人为了获取犀牛角、象牙而猎杀动物的行为，感情完全迸发出来了。在 2018 年基础教育国家级教学成果奖评审中，“博悟之旅”获得一等奖，给了王欢和同事们很大鼓励。

在另一节以文物为题的博悟课上，学生们用几根小棍、一堆线、一次性饭碗，模拟司母戊大方鼎的制作。学生学着怎么捆起来更结实，两个人怎么配合更协调，想象着水是滚烫的钢水，做模、做范。有一个成语叫“一模一样”，其实，它原来的意思是“一个模子一个样”——这项技术在咱们国家的航天科技中还在使用。博悟课好玩着呢，开阔了学生的视野、思维、眼界，给了他们一种认识事物的方式，是连贯、历史性地看待事物、思考问题的方式方法。这堂课让旁听的外籍友人也受到了极大的触动。

从对什么叫“综合课”一头雾水，到在“综合课”的课程设计中找到方法，再到通过“综合课”的讲授收获神奇的效果，直至悟出此次教育体制改革的重大意义，让王欢和她的同事们颇有感悟。大家都在思考：到底应该教学生什么，又该让学生如何学习？大家一致认为：我们必须改变，如果再简单地用“我讲你听、你记”的方式，肯定会与时代潮流脱节，根本行不通。

王欢在教学会议上交流经验

说到如何正确理解教育的本质，王欢有一个金句，叫作：“唤醒孩子的心灵，静待心灵花开……”

教育要尊重规律，只有通过正干预，督促学生以自觉自发的努力成才、成人，才是教育的努力点，也是价值所在。时代要求教育不断改革创新，这也是王欢校长每一天都拿自己当作新校长来要求的原因。

2021 年 9 月，新学期开始之际，为响应北京市教师干部轮岗安排，王欢开始兼任天永学区革新里小学校长，又一次成为“新校长”。未来几年，她将为北京市的教育改革开拓出一片更大的天地。

（由北京史家教育集团提供相关资料）

实业报国　铿锵玫瑰

吴佩芳

吴佩芳，女，汉族，1961年5月出生，北京天宜上佳高新材料股份有限公司董事长。

☆“北京市三八红旗奖章”获得者

☆“海淀区优秀共产党员”

☆“感动海淀”十大文明人物

☆“2020中国十大品牌女性”

列车速度提高 1 倍，制动功率则需要增加 8 倍

时速超过 200 千米，尤其是时速在 300 千米以上的高铁列车，在列车制动的瞬间，每节 60 多吨重的车厢会产生巨大惯性，由此带来的巨大动能在摩擦过程中会产生大量热量，所以对制动闸片的要求非常高。这是因为制动闸片要在高达 800 ~ 900℃ 的高温下不被融化，同时保持稳定的性能。根据国家铁路局历年发布的《铁道统计公报》，2016—2018 年底，国家铁路客车动车组保有量分别为 2586、2935、3256 标准组，2020 年更是达到 3828 标准组，占世界高速列车总保有量的一半以上。新时代，中国铁路的发展目标为到 2035 年，全国铁路网运营里程达到 20 万千米，其中高铁约 7 万千米，比目前再延长约 3.4 万千米，50 万人口以上城市实现高铁通达。国铁集团联采的动车组闸片数量（以招标数量口径统计）在 2016—2018 年分别为 20.53 万片、13.69 万片和 11.66 万片，2020 年达到 12.52 万片。

高铁已经成为一张靓丽的国家名片

中国高铁开出了中国速度，再一次让全世界刮目相看。速度是提升了，但是高铁速度提升 1 倍，制动功率则需要增加 8 倍。

我国高铁列车自开通以来，制动系统的制动闸片长期依赖进口。进口制动闸片普遍存在价格高、供货周期长、备品备件供应不及时和售后服务差等问题。高铁制动闸片在 2012 年前处于技术保护期，国内一直全部引进国外产品。近几年来，国内以北京天宜上佳高新材料股份有限公司（下称

天宜上佳）为代表的民营企业逐步进入高铁制动闸片领域。天宜上佳依靠自主研发，在高铁动车组用粉末冶金闸片的材料配方、工艺路线、生产装备等方面陆续取得重大突破，于 2013 年成为行业内首家获得 CRCC（铁路产品认证管理委员会暨中铁铁路产品认证中心）认证证书的企业，成功实现国产替代，有力推动了我国高铁动车组核心零部件的国产化进程。天宜上佳的实控人是吴佩芳女士，很难想象，这么一个从事制造生产的公司和它的缔造者，竟然有这样清新雅致的名字。

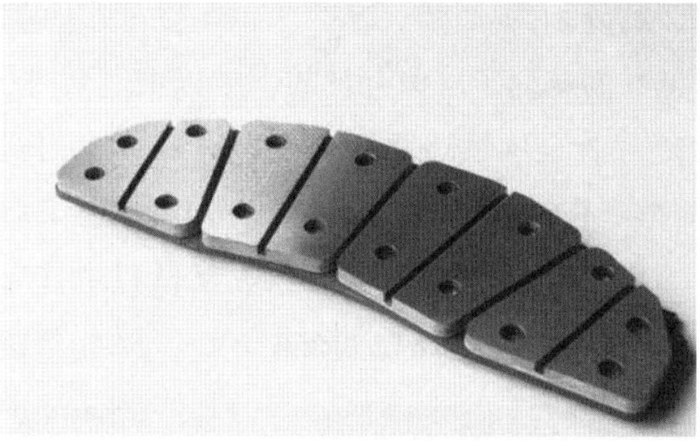

作为高铁不可或缺的七大系统之一，制动系统离不开高性能的制动闸片

“解决‘卡脖子’问题是我的创业愿景”

“我是做技术出身的，心中一直有一种情怀，就是要解决关键技术的‘卡脖子’问题，实现国产替代。”谈及自己 48 岁时创立天宜上佳的初衷，天宜上佳董事长吴佩芳如是说。时光倒回 2009 年，已在材料行业摸爬滚打了 28 年，历任国企技术员、代厂长、厂长和总经理等职位后，生性好强、不安于现状的吴佩芳决定跳出当时的工作环境，去开拓更为广阔的天地。基于多年来在飞机和工程机械制动闸片领域积累的研发经验，吴佩芳拓宽眼界，横向扫视了一遍整个大交通产业。高铁是当时国家大力扶持发展的新兴产业，吴佩芳看好高铁事业发展的巨大商机：作为高铁列车的关键零部件，高铁制动闸片被誉为“生命的保护神”，却只能依赖进口。她在为高铁制动闸片受制于人的现状倍感担忧的同时，似乎又看到了自己未来的出路。当时，恰逢原铁道部和科技部联合实施发展中国高铁事业的合作计划，大力推进中国高铁技术的自主创新和高铁装备的国产化。制动闸片作为高铁制动系统的关键零部件之一，是国家科技支撑项目的重要内容。直觉告诉她：开发高铁制动系统的制动闸片具有广阔的市场前景。

2009 年 11 月，吴佩芳注册成立天宜上佳，正式踏上了高铁制动闸片的独立投资研发之路。对于吴佩芳选择的这条路，有人钦佩，有人不解，却无不向她投以关注的目光。早日实现制动闸片技术突破是吴佩芳为天宜上佳的跨越发展制定的第一个战略方向。对于技术研发，吴佩芳全身心投入，曾与研发团队经历了无数个挑灯奋战的夜晚，将不同速度的制动试验重复了上万次。“我做了一辈子技术和实业。科技兴邦，实业报国，是我创业的初心。”吴佩芳说。

持之以恒的报国初心是吴佩芳工作的强大动力

“开弓没有回头箭，要坚持”

2011 年，国铁集团取消了产品推广应用行政审批，改成 CRCC 认证制，但认证标准还未出台。此时的吴佩芳面临着很大考验，承受着巨大的压力，有人劝她放弃。但骨子里的那股倔劲和不服输的那颗心时刻提醒她，“开弓没有回头箭，要坚持。”哪怕在最艰难的时刻，当公司账面上仅剩 13000 多元钱时，吴佩芳宁可向亲友借资、寻找投资商，也没有轻言放弃，她依然笃定地认为自己走了一条对的路。随后的两年时间里，吴佩芳带领天宜上佳沉淀下来，苦练内功、深耕行业，在产品研发、工艺验证等方面做了大量的工作，对用户需求也更加了解，并特别针对高寒工况制动闸片做了专题研究。机会总是偏向有准备的人。2012 年 12 月 1 日开通的世界纬度最高的高寒高铁线路——哈大线原车制动盘出现大量异常磨损。鉴于天宜上佳此前针对高寒地区制动闸片做过专门研究，拥有比较成熟的方案，吴佩芳临危受命、力挽狂澜，在最短的时间内拿出了高寒闸片样品，并于 2013 年 1 月在哈大线进行装车试验，从冬季运行时速 200 千米，到夏季运行时速 300 千米，天宜上佳的制动闸片完全符合高寒地区高铁列车的运行要求。2013 年 8 月 1 日，国铁集团终于颁布了高铁产品进入条件和认证细则，运筹帷幄的天宜上佳第一个递交了认证申请。一个月后，天宜上佳的高铁系列制动闸片（含高寒制动闸片）拿到了国铁集团颁布的 CRCC 认证证书。3 个月后，天宜上佳的闸片实现了批量销售，其生产的 TS399 闸片正式在哈大线上批量装车，成功替代进口产品。

天道酬勤。迈过“两个寒冷的冬天”之后，天宜上佳在高铁闸片市场上一枝独秀，并成为时速 350 千米的“复兴号”中国标准动车组粉末冶金闸片的核心供应商。2014—2018 年，天宜上佳一路快速成长，在多年的自主研发，经验基础上具备了完整的自主知识产权体系，拥有了成

天宜上佳有一个团结和睦强大的高层团队

熟的动车组用粉末冶金闸片技术，形成了较为丰富的粉末冶金闸片、合成闸片/闸瓦等系列产品生产线。

在吴佩芳的带领下，天宜上佳成长迅速：2013 年 9 月 24 日，天宜上佳获颁动车组 10 个车型、5 种型号闸片的 CRCC 铁路产品认证证书，实现了历史性飞跃，打破了进口产品垄断，填补了国内空白。截至 2021 年，公司共获得 12 张 CRCC 产品认证证书，覆盖国内时速 160～350 千米动车组的 33 个车型及交流传动机车车型，是目前持有 CRCC 核发的动车组闸片认证证书覆盖车型最多的国产厂商，产品已经覆盖国铁集团下属全部 18 个铁路局，成为时速 350 千米、250 千米“复兴号”制动闸片第一方案供应商，同时还入选中国第一条时速 350 千米智能高速铁路京张高速铁路动车组制动闸片供应商。公司自主研制的地铁制动产品已经在北京、天津、广州、深圳等多个城市的地铁线路上运行。

“当你积累了大量一手经验和数据的时候，你做的决定就已经和性别没有关系了”

“虽然我是一名女性，但是从专业角度来说，到了一个工业企业，如果下一线嫌脏，干活嫌累，那说明你本身就不适合这个工作。我认为，从事任何工作的时候，不要因为性别而自我设限，那会影响个人的成长和进步。”吴佩芳说。

公司初创时的年轻的技术团队

吴佩芳还记得，自己还是一个初出茅庐的技术员时，看到工厂里的滚齿机因受工装限制效率太低，她就果断提出来进行技术改造，最终让设备工作效率提升了约30%。

天宜上佳成立初期，面临着一个连续热处理设备的技术选择问题。由于有此前10多年的飞机制动闸片的制造经验，吴佩芳果断抛弃了传统炉的方案，深入到一线，带人进行大量实验验证，最终设计出半自动连续炉。

吴佩芳经常身着旗袍，透着睿智、优雅与知性。她将这种女性独有的魅力在团队管理中应用得淋漓尽致，对于如何调动团队的战斗力、凝聚力和创造力，她有着一套自己的管理秘籍。她说："人心齐则泰山移，企业一定要有核心价值观，这是每一位员工必须认同和遵守的行为准则，也是企业凝心聚力的重要信条。"

生活美，事业美

"自强自律、使命担当、开放合作、学习创新、成就客户、幸福员工。"这是天宜上佳的核心价值观，也是企业的灵魂。

吴佩芳自己愿意不断尝试，并不惧怕自我否定。"当你在现实中不断摸爬滚打，积累了大量来自一线的一手经验和数据的时候，你做的决定就已经和性别没有关系了。"

每周三次的晨会，也被吴佩芳认为是凝聚人心的一种有效方式。在晨会上，有祈祷和感恩环节。吴佩芳说："这种日复一日的环境熏陶，潜移默化中，员工的责任感和使命感变得更加强烈了，也逐渐领悟到了感恩的意义，始终怀有对国家、对社会、对家人的感恩之心。”

吴佩芳的职业生涯经历过挫折与失败，也有收获与成功。她说：“无论怎样，这都是人生的一种体验，回过头来看，作为一个女人，我觉得自己的一生没有白费。”

吴佩芳每天清晨都会在“朋友圈”里发一组健身的记录。年过60岁的她，几乎每天都要完成一组健步走和一字马横叉。

重视对接班人的培养，关注他们的成长

当谈到自己的“母亲”这一身份时，吴佩芳柔软了下来。“不管平时再怎么强势，但是在一些人文关怀的细节方面，作为母亲的特性会不由自主地流露出来。我自己是一名母亲，公司的员工和我的女儿年龄差不多大，会发自内心想关心他们。”

坚持党建引领，彰显首都优秀民营企业家的情怀和担当

吴佩芳带领公司始终坚持听党话、跟党走，以党建软实力促科技创新硬功夫，让党旗在科技创新一线高高飘扬。她在公司建立了党支部牵头抓总、党建办具体协调、各部门密切配合、党小组兜底的组织体系，制订了清晰的公司党建年度、月度计划，每项工作都有验收标准、有责任人、有完成时限、有考核份额，努力使党建工作“落地有声”。坚持党管人才，把党的领导嵌入公司治理体系，安排优秀党员到重要岗位上任职。公司29名高管中，有17人是党员或入党积极分子；24个职能部门和下属公司的

负责人中，有 19 人是党员或入党积极分子；下属公司的法人和总经理绝大多数由党员担任。积极推动党员进项目，让他们做项目负责人，引导他们领衔攻坚关键技术，担当主力，突破科研短板，让他们在攻坚克难中发挥先锋模范作用、在更大更广的舞台上展现党员风采。公司从事技术岗位的党员超过 80% 是高技能员工，创新项目中的党员参与度超过 90%，他们在重大项目面前完成一次又一次“士兵突击”，也为公司科技创新注入了强劲动力。吴佩芳坚定履行社会责任，始终坚持把企业发展同国家繁荣、民族兴盛、人民幸福结合在一起，主动为国担当、为国分忧。

天安门广场升旗仪式上的党建活动

2019 年 4 月，她和北京科技大学教育发展基金会签署捐资 600 万元协议书，用于资助困难老师和学生，并开展产学研用合作。

2020 年春，我国暴发新冠疫情，为支持湖北抗“疫”斗争，她第一时间组织公司捐款 200 万元，并个人捐赠防护服 800 套、护目镜 600 个。在她的带动下，公司 48 名党员和积极分子捐款 15 余万元，243 名员工捐款 30 余万元。在防护物资最为紧缺、“一罩难求”的时候，她千方百计购买 71 万只口罩捐赠给海淀区部分单位，有力支持了北京抗击新冠病毒。中央提出做好“六稳”工作、落实“六保”任务以来，吴佩芳带领公司坚持不裁员、不降薪，全年新增签约投资 11 亿多元，新入职员工 112 人，超过了公司员工人数的 30%。

2020 年是我国脱贫攻坚的决胜之年。吴佩芳组织公司援助青海省玉树州杂多县瓦里滩孤儿福利学校，捐资 40 多万元帮助该校建设大门，为该校学生宿舍配齐高低床、被子等物资，又组织公司高管对口帮扶该校 13 名特困孤儿，与他们结成长期帮扶对子。此外吴佩芳一人资助 3 名孤儿，还支援内蒙古赤峰市敖汉旗受灾特困农户 5 万元，彰显了首都优秀民营企业家的情怀和担当。

敲钟的那一刻，吴佩芳眼中闪烁着泪光

2019 年 7 月 22 日，天宜上佳在上海证券交易所挂牌上市。上市敲钟的那一刻，吴佩芳眼中闪烁着泪光，她说："这不仅是喜极而泣，更多的是感动和感慨。"

经过 10 年艰苦卓绝的努力，天宜上佳成功登上科创板

如今，天宜上佳是高铁闸片领域一颗闪耀的星星，已经成为国家高新技术企业及中关村高新技术企业。

2021 年，天宜上佳出资 2.13 亿元收购成都瑞合科技有限公司股权并对其进行增资，开启了在航空产业链的布局。由此，天宜上佳的产品战略也将更趋立体，在持续专注于高铁粉末冶金制动闸片主营业务的同时，加大在碳碳/碳陶复合材料、光伏热场材料、国防碳碳耐热材料、结构功能一体化复合材料等领域的研发投入，将产品应用于轨道交通、航空航天、国防装备、新能源四大领域。

从成立到上市的 10 年，吴佩芳带领天宜上佳实现了从 0 到 1 的跨越；

下一个10年，天宜上佳如何实现从1到N的飞跃？这是吴佩芳一直在思考并已开始落地实施的问题。

天宜上佳与瑞合科技的股权转让及增资签约仪式

“创新是企业最好的出路”

机遇无处不在，挑战更是重重。方兴未艾的铁路与城市轨道交通产业吸引了越来越多投资者的入驻，在高铁闸片这个小小的细分领域，已有超过20家厂商竞相角逐，准备进入市场。不过，习惯了接受挑战的吴佩芳并不畏惧，不退缩。她说：“创新是企业最好的出路，唯有坚持创新，才能为企业的发展迎来最大化的机遇。”

目前天宜上佳一线工人仅几十人。吴佩芳说：“如果不建自动化生产线，一线工人的数量至少在目前的5倍以上。”她坚定地认为：“中国制造业的人工时代已一去不复返，智能化转型迫在眉睫。”近期，天宜上佳高铁制动闸片智能制造生产线的建设已经完工。“高速列车制动闸片智能制造生产示范线是集合现代通信和信息技术、计算机网络技术、制造装备技术、智能传感技术等新一代的综合技术。我们不仅投入了无人智能生产线，还建立了产品检验检测中心，配置了世界先进的美国LINK和德国RENK高速列车1∶1制动动力试验台架，是具备大轴重模拟能力和时速600千米世界最高速度等级的台架设备，为研发及检测工作提供了强有力的保障。”

除了对生产装备不惜代价的投入，吴佩芳对于其专长的配方和工艺也从未懈怠。她打破传统材料配方的构建模式，用新理念、新思维，通过调整摩擦组元和润滑组元的类型及配比，在保证基体强度的同时，提高闸片的导热性和不同速度下足够高的摩擦系数及其稳定性。为确保产品的一致性、稳定性以及高生产效率，她的团队在传统粉末冶金工艺的基础上，增加能够提高产品性能稳定性的“后处理”工序，成为天宜上佳闸片生产工序中的特色。

创新引领“新制造”

随着人工智能、大数据、物联网、互联网等信息化、智能化技术的深化应用，“新制造”将重新定义制造业。不同于传统的规模化、标准化制造，未来的制造业将更加智慧化、个性化和定制化。天宜上佳也将竭尽全力推动智能制造，努力成为中国高铁闸片制造企业推动互联网、大数据和人工智能的领头羊！“我们将逐个突破！项目完成之后，天宜上佳的路会更宽，走得也会更远。”

谈及此，吴佩芳的眼里泛着光。

（由北京天宜上佳高新材料股份有限公司提供相关资料）

100

花絮篇

用心谋划 极致呈现

——《誓言：我的故事》拍摄花絮集锦

1921—2021

纪录片《誓言：我的故事》一共由 10 个故事构成，这些经过精心选择的故事，生动阐释了在历史不同阶段，广大优秀共产党员表现出来的精神风貌和时代主题。

纪录片的主创团队殚精竭虑，从影片的策划、团队的组建、合作方的联络协调，到实地拍摄、后期制作，整个创作过程历时两年多的时间。其间，既有过创意的酝酿成形，素材的精心筛选，脚本的反复打磨，又经历了前所未有的新冠肺炎疫情，团队成员长途跋涉，风餐露宿，在拍摄和后期制作中争分夺秒、夜以继日，终于在中国共产党成立 100 周年之际，把这部作品呈现给广大观众。

在欣赏这样一部好作品，与故事人物产生共鸣，感受震撼，接受洗礼的时候，观众和读者或许还希望幕后默默奉献的主创团队致以诚挚的注目礼。

为此，我们从浩如烟海的记录资料当中，精心选择了 100 多幅团队工作场景照片，这些照片生动形象地展现了这部纪录片诞生的过程。在编辑这部分照片的过程中，我们发现不需要更多的文字赘述，每一幅照片都有其蕴含的意义，聚合在一起，完全可以表达影片诞生的完整过程。因此，我们按照影片人物的出场顺序，将涉及同一主题、同一拍摄场景的图片尽量集中在一起，形成类似文章段落的格局，只在“段落”前给出简要的文字提示，把想象的空间留给观众和读者。

需要特别说明的是，除了工作场景的图片之外，我们的创作团队还在现场抓拍了一些实景照片（例如在雨花台烈士陵园草坪上享受恬静生活的普通民众），虽然这类照片与创作过程并没有直接的关系，但这些场景其实与革命烈士为之抛头颅、洒热血的奋斗目标密切相关，可以和影片主题形成带有某种妙趣的观照，故予以选用。此外，还有一些借着拍摄的便利，从被拍摄的英模处获得的珍贵历史照片，这些照片可以从某一个侧面表达英模事迹的年代感，以及他们当年生存状态的某种细节，相信对人们更好地理解人物会有所帮助。

新民主主义革命阶段

南京雨花台是国民党统治时期监禁和屠杀革命者的主要监狱之一，这里集中了大批的革命志士，书写了许多可歌可泣的英雄故事，因此，雨花台这个主题下呈现的是一个英雄的群体。我们从这个群体当中遴选了李耘生烈士的故事，将其作为雨花台烈士，也作为所有为革命事业英勇献身的英烈代表。

沈仲文是中华人民共和国成立前参加革命的老军人，他把毕生精力贡献给了他所热爱的党、国家和人民，晚年还不断为家乡的建设出谋划策、贡献力量，体现了一位老党员、老将军的优秀品质。

雨花台

雨花台是红色革命文化的重要纪念地之一，人们经常到这里来缅怀为新中国牺牲的英烈。

清明节期间，摄制组在雨花台进行拍摄

李耘生

李耘生烈士的女儿杜早力年事已高，但依然接受了摄制组的采访、拍摄。

李耘生烈士的女儿杜早力女士

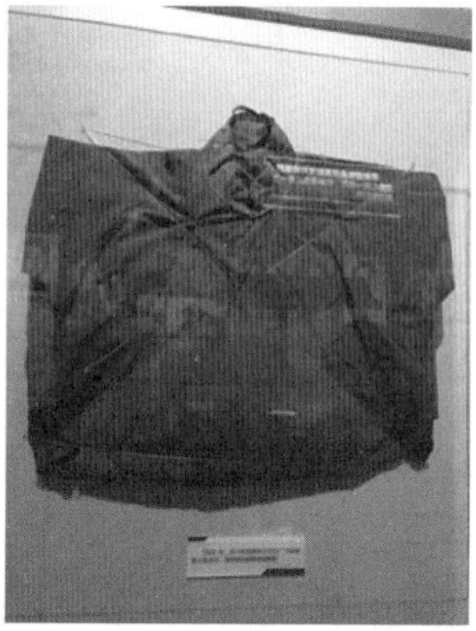

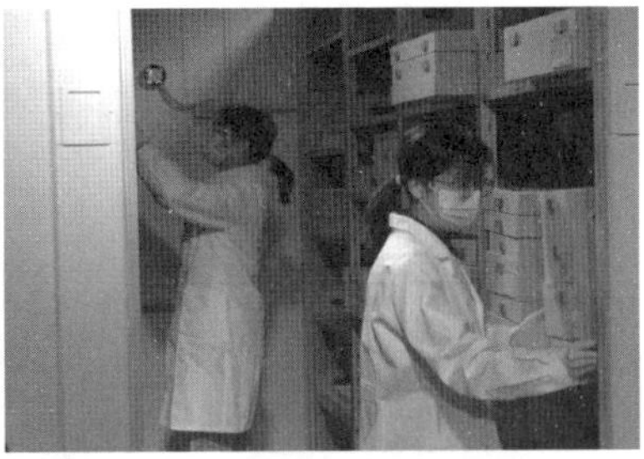

缅怀革命先烈 传承红色基因 赓续精神血脉

SUPER

沈仲文

在沈仲文将军的故事里，他的夫人李森是不可或缺的重要人物，这对革命夫妻让这个家庭具有了更多传奇色彩。夫妇两人晚年还为家乡人民做了很多好事，他们的亲属和乡亲们为本节的拍摄倾注了极大的热情，在此多有记录。

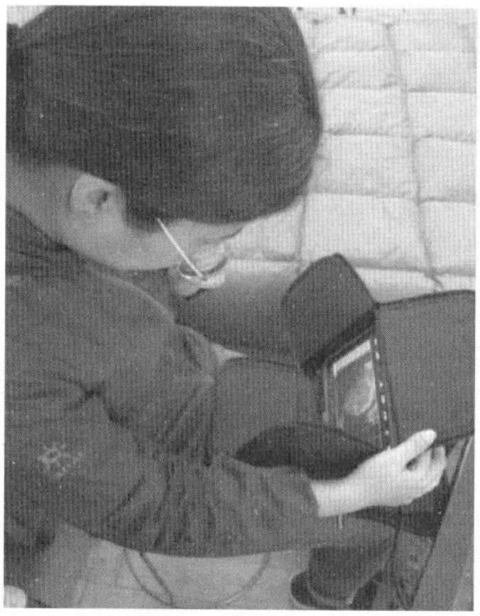

社会主义革命和建设阶段

这一阶段主要指中华人民共和国成立后到改革开放前的历史时期。作为中国第一艘核潜艇的总设计师，黄旭华是这一时期的重要代表人物。2018 年，摄制组到武汉拍摄时，黄老已 92 岁高龄。2019 年，黄老荣获“共和国勋章”，并作为代表在授勋大会上发言。

黄旭华

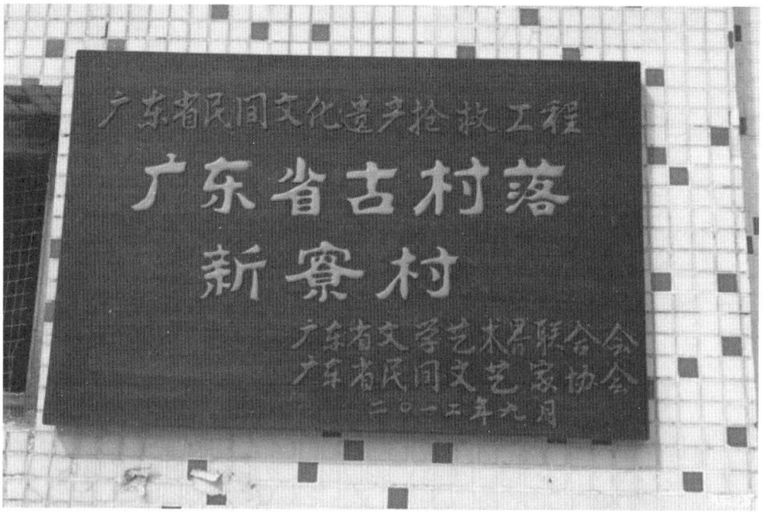
广东省民间文化遗产抢救工程
广东省古村落
新寮村
广东省文学艺术界联合会
广东省民间文艺家协会
二〇一二年九月

so800
N/A
4500K
Menu
09:24:30.15
82%
14.4V

改革开放和社会主义现代化建设阶段

巨晓林

巨晓林是本节内容中素材最为丰富的人物，他像对待工作一样认真对待拍摄，配合程度非常高，为摄制组的同事们留下了和蔼可亲、令人难忘的印象。为了表现巨晓林早年的乡村放映员生活，摄制组甚至安排了前往他的家乡陕西省岐山县进行实地采访、拍摄。中铁集团对拍摄非常重视，给予积极周到的配合，这在图中亦有反映。

中国中铁电气化局集团有限公司
CHINA CREC RAILWAY ELECTRIFICATION ENGINEERING GROUP CO.,LTD.
企业愿景——成为享誉全球的轨道交通系统集成企业集团

吴佩芳

吴佩芳是中关村科技企业创业者群体的代表人物之一。由于新冠肺炎疫情等因素，许多优秀人物都错失了拍摄的时机，吴佩芳成为摄制组全力争取的拍摄对象之一。幸运的是，她欣然接受了拍摄的请求，并全程做了非常周到的配合。

兴邦 实业

新时代中国特色社会主义阶段

新时代中国特色社会主义阶段部分集中了本片最多的人物故事，拍摄记录相对全面，时代气息最为浓厚，值得新一代观众、读者给予更多的关注。

王新华

王新华的军人身份和“南丁格尔奖”获得者身份使她具有了十足的高光色彩，但由于她特殊的工作性质以及本片所反映的抗疫阶段的特殊性，使得她在工作现场总是处于佩戴口罩的状态。对于影视创作和图像表达来说，不能不说是一种遗憾。

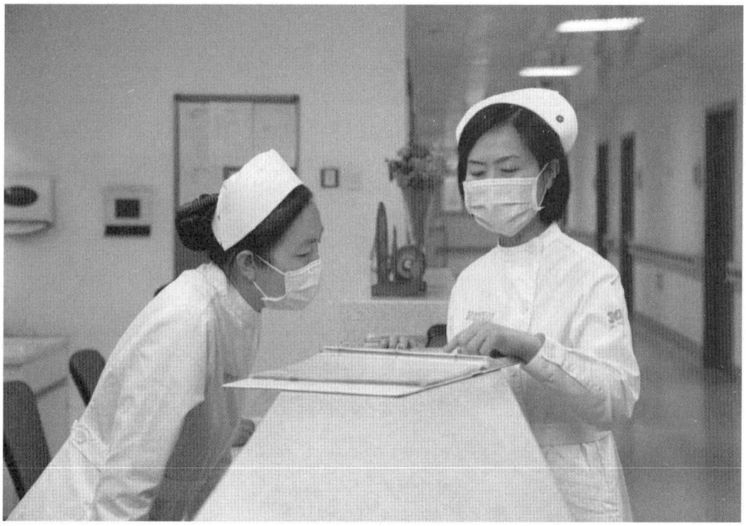

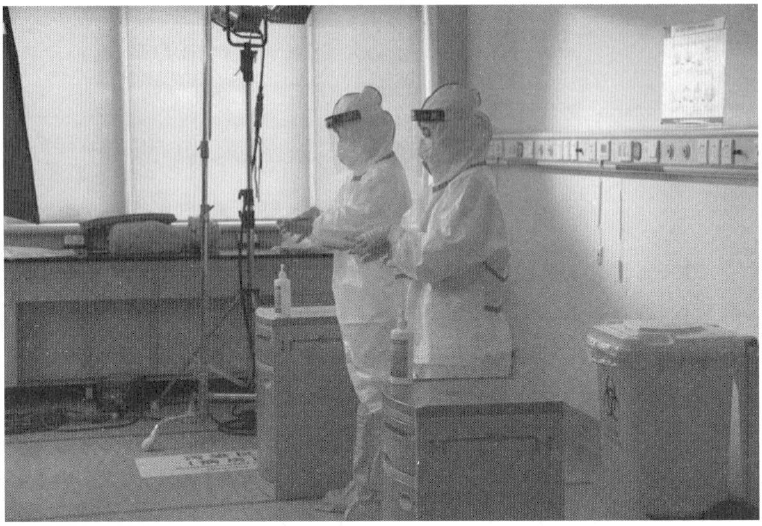

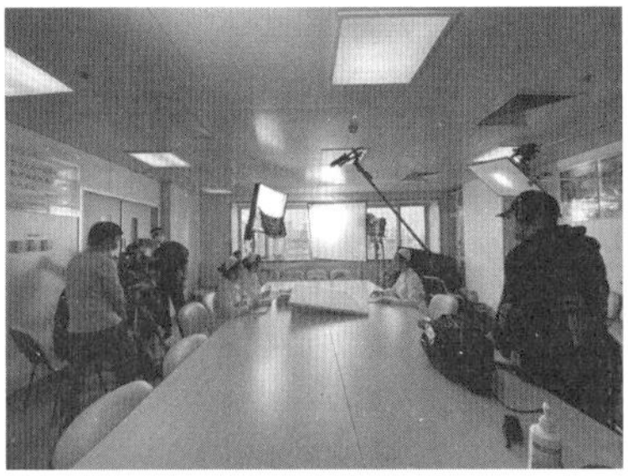

The International Committee of the Red Cross
Mrs Wang Xinhua
THE
FLORENCE NIGHTINGALE
MEDAL
ICRC

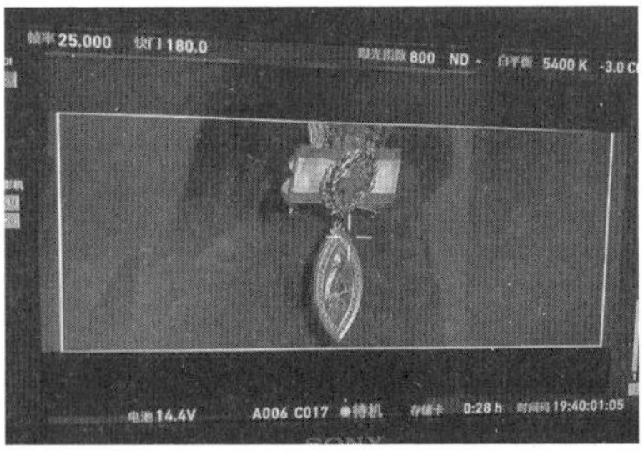
帧率 25.000
快门 180.0
感光指数 800
ND -
白平衡 5400 K
-3.0
电池 14.4V
A006 C017
●待机
存储卡
0:28 h
时间码 19:40:01:05

李春燕

对李春燕的拍摄是在大山里完成的，条件相对比较艰苦。为了更好地表现李春燕的感人事迹，摄制组采访了多位由李春燕带教出来的乡村医生。走村串寨，走过李春燕日常行走的道路，你会深深地为这位朴实的乡村医生所感动。

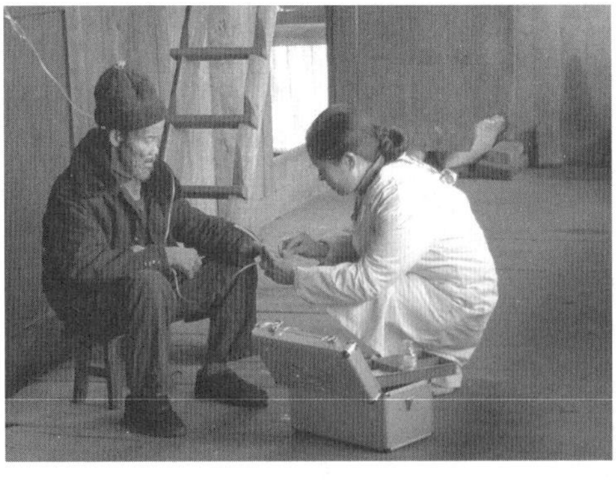

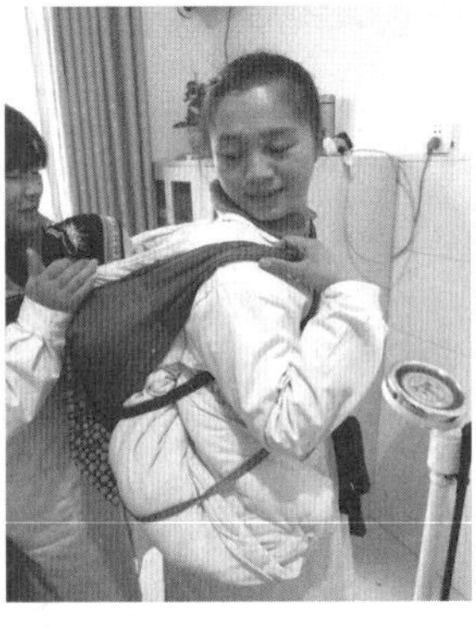

王泽勇

王泽勇是所有拍摄对象中表述非常精彩的一位。他用工作当中一丝不苟、求真务实的严谨态度，为拍摄工作提供了毫无保留的配合，极为认真地再现了故事中的许多场景。他的讲述生动平实，给现场的人们留下了极为深刻的印象。

九江市消防救援支队

九江市消防救援支队是本片故事主人公中为数不多的荣誉集体，美丽的“火焰蓝”成为贯穿拍摄过程的主色调。由于事迹和故事场所相对分散，使得拍摄的工作量相对较大，但同时带来的好处就是抓到的素材比较丰富。谢谢英雄群体的姑娘和小伙子们——他们配合拍摄时，就像做好消防工作一样主动、认真。

防消西江

王欢

语文教师出身的王欢校长从事教育工作已经40多年了，天天与孩子们在一起，使她成为接受采访的人物当中表达最精彩的一位。她不仅仪态端庄，开朗大方，同时还表现出了良好的镜头感和语言能力，总能让人眼前一亮。

本节末尾还选入了史家小学学生们的部分艺术作品，供欣赏。

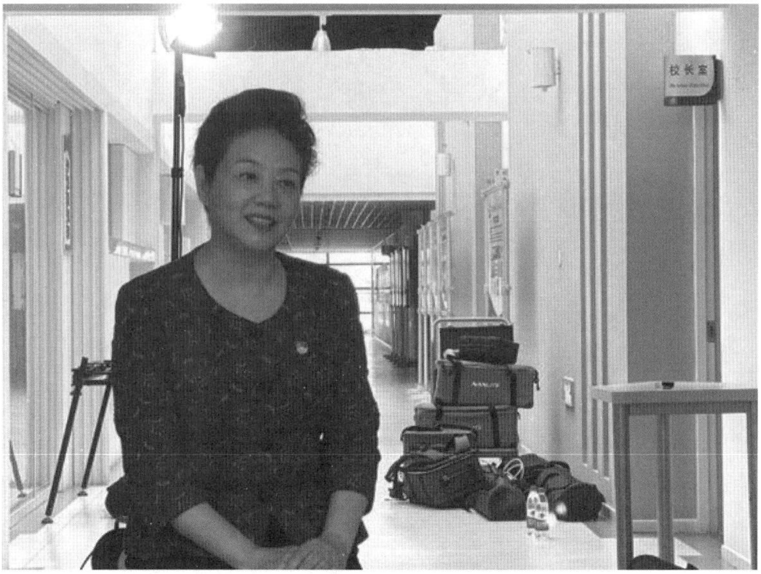

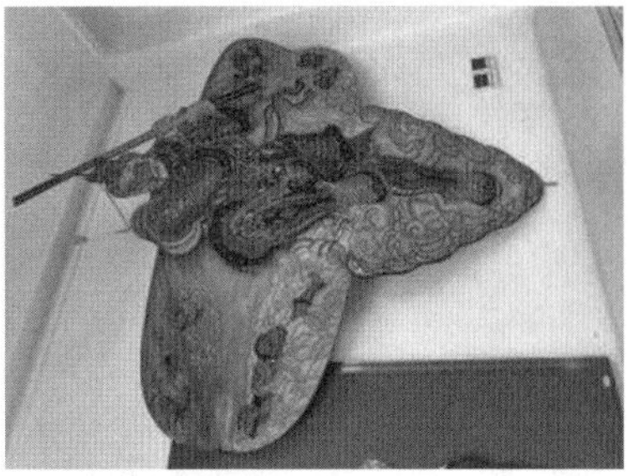

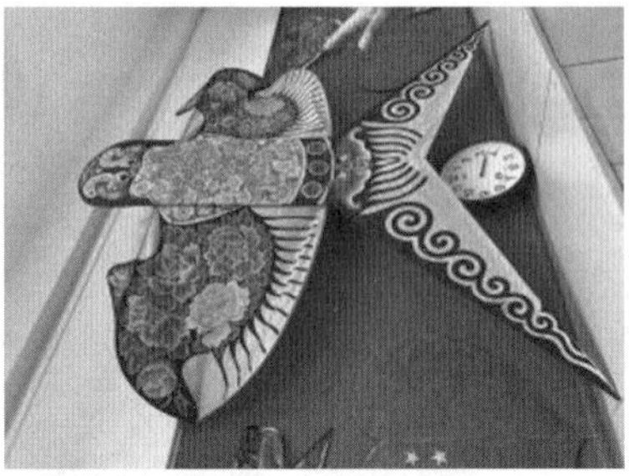

创作团队

影片创作团队的主要负责同志再三要求本书的编辑人员减少对他们的宣传，或许这是经历了拍摄工作洗礼之后，他们从英模人物那里学到的严于律己、谦以待人的优秀品质的体现吧。其实，不用多说什么，下面的这组照片集中反映了这支团队的战斗作风和工作能力。或许，本片的成功就是对这个团队最好的鼓励和嘉奖。

100

英模篇

一花报春 百卉满蹊

——部分行业先进人物英模事迹选录

1921—2021

以身许国七十载的炼油工程技术专家

陈俊武

陈俊武，男，汉族，1927年3月出生，中国科学院院士、中国石油化工集团有限公司科技委员会顾问、中石化洛阳工程有限公司技术委员会名誉主任。

☆1982年、1985年及1987年，三度荣获国家科技进步一等奖

☆1985年，荣获全国五一劳动奖章，获评全国优秀科技工作者

☆1990年，获评中华人民共和国工程设计大师

☆2014年，荣获国家技术发明一等奖

☆2019年，获评全国优秀共产党员、全国劳动模范、时代楷模、最美奋斗者

“挽弓当挽强，投身石油工业才有用武之地”

祖籍福建长乐的陈俊武，1927 年 3 月 17 日出生于北京的一个书香世家。小时候的陈俊武喜欢独处、热爱思考，不但学习成绩一直名列前茅，心算能力也超强。经常有同学慕名找他，给他出难题，他都能很快给出正确答案，屡试不爽。

17 岁那年，陈俊武考上北京大学工学院化工系。大二时到抚顺的一次参观，让他与石油工业结下了不解之缘。

大学时代的陈俊武

那时，他第一次见到日本人留下的尚未开工生产的人造石油厂（后更名为石油三厂）。当时的中国，石油工业落后，处处受制于人。年轻的陈俊武暗下决心：挽弓当挽强，投身石油工业才有用武之地。自此，以身许国、科技报国的种子就在他心中扎下了根。

为了滋养这颗种子，求学期间的陈俊武总是待在课堂、实验室、图书馆，与书本、期刊、笔记为伴。“科学的真理把我诱惑得太苦了。我把如锦的年华都投入到无底的深渊，痴心的求知使我与人群隔绝，使我成为孤独者。生命的意义全寄托在没有生命的分子、原子上了。”当年的日记，记录了陈俊武刻苦读书的状态与心境。

“我学的是化工专业，让国家石油工业强大起来，就是我的责任。”

1949 年 12 月，大学毕业的陈俊武放弃了到北京或沈阳发展的机会，毅然来到抚顺，成为他心心念念的人造石油厂的一名技术员。

当时的抚顺，满眼是煤尘和黑烟；当时的厂子，荒凉残破，杂草丛生，技术资料匮乏、生产条件简陋。为了尽快让工厂恢复生产，他一头扎进车间进行技术革新，把自己学过的理论和眼前的装置设备印证对照、摆弄琢磨；对于弄不清的问题，就向专家请教，向工人师傅学习，经常忘了晨昏暮晓……

当一个人把个人理想自觉融入国家发展伟业时，任何危险、任何困难都阻挡不了他前进的脚步。

“我一直觉得共产党的事业是伟大的事业，我也愿意为了这个事业而奋斗终身”

1956 年，陈俊武光荣地加入了中国共产党，他在入党志愿书里坚定地表达了自己的心声：“我一直觉得共产党的事业是伟大的事业，我也愿意为了这个事业而奋斗终身。”他是这样说的，也是这样做的。

1960 年 3 月，大庆石油大会战打响。虽然有了石油，但当时国内落后的炼油技术却不能对原油进行有效的深度加工，这就像有了上好的稻谷，

大庆石油大会战誓师大会

却依然吃不上香喷喷的白米饭。

34 岁的陈俊武受命担任我国第一套流化催化裂化装置的设计师。流化催化裂化是炼油工业的关键技术。

1962 年 9 月，陈俊武被原石油工业部派到古巴考察。他终于能够近距离接触当时世界先进的炼油厂了。陈俊武想学的实在太多。他根本不想外出游历景点、娱乐，每天就是争分夺秒地看资料，向人求教，整理一切有用的信息。结束考察回国时，陈俊武的行李箱中没装一件“洋货”，而是塞满了 20 多本学习笔记。但是，资料可以参考，要想克难攻坚，还得靠自己。上百套仪表、数千个大小阀门、近 2 万米粗细管线，都要在设计中做到万无一失。经过争分夺秒的艰苦攻坚，陈俊武他们终于拿出了 1000 多张设计图纸。

1965 年 5 月 5 日是中国炼油工业史上一个划时代的日子：抚顺石油二厂年加工能力 60 万吨的流化催化裂化装置投料试车运行成功了！

1965 年，部分设计人员在抚顺石油二厂国内第一套流化催化裂化装置前合影

目前，我国催化裂化工艺技术已达到国际先进水平，有 150 多套不同类型的催化裂化装置建成投产，年加工能力近 2 亿吨。催化裂化工艺为国家提供了近 70% 的车用汽油、40% 的丙烯和 30% 的柴油。也就是说，如今我们出行用车，还在享受着陈俊武等老一代科学家取得的炼油科技成果。

20 世纪 60 年代，我国又在山东、河南等地发现了新的油田。为了改善石油工业的布局，原石油工业部决定建设一座年加工规模 250 万吨的炼油厂和总容量 15 万立方米的储备油库。1969 年底，陈俊武作为首批建设人员，随原石油工业部抚顺设计院搬迁到位于豫西山区的洛阳市宜阳县张坞乡（现张坞镇）竹园沟。

从城市到山沟，从楼房到窑洞和板房，陈俊武他们没有牢骚和怨言，扎根洛阳这方土地，一干就是半个世纪。

创新永远没有交卷的时候

初到豫西时，陈俊武看到国家钢材匮乏，资金紧张，新建炼油装置十分困难，他就想：能不能设计一种投资少、上马快，对原油只需中等程度加工的炼油装置。他和同事们反复讨论，提出了蒸馏—催化裂化联合装置的方案，即把原油蒸馏和催化裂化两个装置合二为一。经过努力，1972 年，这套装置在辽宁锦州试运行成功。

同轴式装置的诞生和成长是陈俊武的又一卓越贡献。兰州炼油厂原来的移动床催化裂化装置是 20 世纪 50 年代由苏联工程师设计的，产能低、成本高，已经成为厂里的包袱。1982 年秋，按照陈俊武提出的技术方案建设的兰州炼油厂 50 万吨/年同轴催化裂化装置顺利投产，再生效果在当时居全国之首。这套装置使兰州炼油厂效益大增，成了厂里的“金罐子”。

上海炼油厂的总工程师朱人义又提出：“陈老总，能否让新装置融合你的同轴式装置和高效再生工艺的烧焦罐两项先进技术呢?”这是当时多个国家都在研究的难题。为此，陈俊武创造性地提出了快速床—高速床串联操作的再生方式，并在公司设备研究所进行了大量的流态化试验，最终取得了圆满成功。

陈俊武是个具有战略眼光的科学家。他认为：“我国石油资源不足，煤炭相对丰富，甲醇制烯烃（DMTO）是实施石油替代的重要战略方向。”

虽然在实验室实现了 DMTO 技术，但如果在这一技术基础上建设放大一万倍的大型工业装置，还存在很大风险。陈俊武三次主持讨论 DMTO 工业试验装置的设计方案，先后八次来到位于华山脚下的试验场，现场指导，完善方案。

2006年8月24日，甲醇制取低碳烯烃工业试验项目技术成果新闻发布会在北京人民大会堂隆重举行。DMTO工业试验项目的成功投产具有重要的战略意义。

一生求索未得闲，无怨无悔写人生

“未来市场的竞争实质是科技实力的竞争，必须首先提高科技人员的整体基础理论水平和科技素养。”著书育人，是陈俊武早就给自己定好的任务。

中国的炼油技术不断取得突破，但缺乏系统、完整的著作，难以满足从事催化裂化工作的技术人员的需要。陈俊武将自己多年来积累的各类技术资料分类整理成册，精心选取工业实践中的典型案例和数据，历时2年，他完成了《催化裂化工艺与工程》一书。

与著书相比，育人更为迫切，更具有战略意义。1992年，在陈俊武的直接推动下，中国石油化工总公司举办的第一期催化裂化高级研修班正式开班。前后三期高研班历经10年之久，为中国石油化工事业培养了一批批高层次精英人才。

陈俊武在参加工作的70年里从不设闹钟，每天6点半准时起床。他总像一个学生似的背一个小包，里面除了资料、图纸，还有一沓纸片，方便做笔记和随时计算。他还谢绝配秘书、配专车的专家待遇，坚持步行上班20余年。

陈俊武特别抠门，出差常常会为省点坐出租车和住宾馆的钱而计较，吃饭也是能将就就将就。但他对自己小气，对别人却特别大方。他曾把自己的奖金捐给公司幼儿园，捐给郊县优秀民办教师，奖励优秀青年科技人员，还默默资助新安县一名贫困生，直到这名贫困生大学毕业。陈俊武还将在郑州大学6年兼职所得的20万元全部捐出，用于奖励优秀青年学子……

1959年春，原石油工业部决定在山西大同建炼油厂，陈俊武被任命为设计师。时间紧、任务重，需要尽快赴任。可这时，陈俊武刚出生不久的大女儿陈玲已连续几天高烧不退。

“你走吧，孩子有我呢”妻子吴凝芳清楚陈俊武内心的煎熬，坚强地对他说。

一个多月忙忙碌碌，陈俊武回抚顺时，一路上忐忑不安：女儿不会有什么事吧？——还好，女儿用笑脸迎接了自己“狠心”的爸爸。

科研任务重、出差频繁是陈俊武工作的常态。在小女儿陈欣的印象里，父亲每年至少有一半时间是在外地。每天放学走到楼下，她都要先看看自家阳台上有没有挂着爸爸的衣服，因为那是爸爸出差回来的信号。

两个女儿说，母亲生前瘫痪多年，父亲只要下班回家，总会先走到母亲床前跟她聊聊，或是拿上一份报纸给母亲念一念。

人的一生应该怎样度过？陈俊武以科学家的精算法，列出了自己的“人生公式”——奉献大于索取，人生就灿烂；奉献等于索取，人生就平淡；奉献小于索取，人生就黯淡。

（由中国石化出版社有限公司提供相关资料）

为祖国争光 为当地谋福 为企业添彩

安爱军

安爱军，男，汉族，1972年5月出生，工学博士，正高级工程师，现任中国交通建设集团有限公司（中交集团）轨道事业部执行总经理，曾任中交集团中国路桥工程有限责任公司副总经理、肯尼亚内马铁路项目总经理兼总工程师。

☆荣获“全国优秀项目经理”“全国优秀建造师”“全国优秀职业经理人”“‘十二五’全国优秀总工程师”等称号

☆2015年,荣获国家科技进步特等奖

☆2019年9月，获评中央企业劳动模范

长期奋战在铁路建设第一线的科技和管理精英

2016 年 1 月 8 日，中共中央、国务院在北京人民大会堂隆重举行 2015 年度国家科学技术奖励大会。“京沪高速铁路工程”获得国家科学技术进步特等奖。安爱军的名字出现在“主要完成人”名单里，大会表彰了他对本项目技术创造性的贡献：主持京沪高铁土建六标技术工作，解决了 136 座特殊结构桥梁及“三角区”、并行段、阳澄湖段桥梁施工技术难题。

安爱军毕业于铁路院校，在赴肯尼亚参加海外铁路建设之前，他始终奋战在国内铁路建设一线，曾先后参建了青藏线、拉（萨）日（喀则）线等高原铁路以及当时世界上一次建成线路最长、标准最高的京沪高铁和当时世界上标准最高、里程最长、运营速度最快的沪宁城际铁路等高速铁路。

精心谋划，运筹帷幄

多年的铁路一线建设经历，使安爱军积累了扎实的专业技能和丰富的大型项目管理经验，同时也成为身居要职的企业中层领导干部，这也为他投身海外建设奠定了坚实的基础。好钢用在刀刃上，2014 年，随着国家“一带一路”倡议得到广泛响应，在中国交建“海外优先”发展战略的号召下，安爱军和一大批中交铁路建设者前往非洲的肯尼亚，参与蒙内铁路和内马铁路的建设。安爱军被委任为中国交建蒙内铁路项目总工程师兼执行副指挥长、内马铁路项目执行指挥长兼总工程师。

肯尼亚唯一的老旧米轨铁路“比自行车还慢”

蒙内铁路连接肯尼亚东部港口城市蒙巴萨与首都内罗毕。蒙内铁路向西北的延长线——内马铁路则连接内罗毕和西部边境城镇马拉巴，绵延600多千米。在蒙内铁路修建之前，肯尼亚境内还保留着一条100多年前由英国人修建的米轨铁路——它是肯尼亚被殖民时期的印记。

中国交建承建的肯尼亚铁路采用了中国标准，是“一带一路”倡议的一次重要实践

“我们必须用工程师的职业道德和历史担当把这条铁路建设好，为肯尼亚造福，为祖国争光！”作为项目建设团队的主要负责人，安爱军带领建设团队立下了军令状。

在建设初期，肯方只希望修建标准更高、运行速度更快的双线电气化铁路。为此，以安爱军为代表的技术团队对肯尼亚国情进行全面调研并做了分析论证，认为肯尼亚当地的能源结构不足以支撑电气化铁路的供电保障，近期及中期的货运量也完全达不到双线运能要求，实事求是地提出采用客运时速120千米、货运时速80千米的单线内燃机牵引铁路，并预留复线和升级电气化铁路条件的合理方案。这不仅为肯尼亚节省了初期投入成本，而且设计运量完全能够满足肯尼亚的国家发展需要，得到了肯尼亚社会各界和国内外专家团队的普遍认可。

安爱军后来总结，海外建设的特殊性来自内外两方面。从外部来说，复杂的政治生态、敏感的环保生态、多元的文化生态等，都要在项目实施过程中妥善应对；始终潜在的恐怖袭击等公共安全风险，也给项目团队带来了极大压力。从内部来说，肯尼亚铁路是集设计、建设、装备制造、运营维护等铁路全产业链各环节于一体的复杂的系统工程，用中国标准建设如此大规模的海外铁路对中国交建集团来说是首次，只能靠项目管理团队探索实践创新。在蒙内铁路、内马铁路漫长的施工沿线上，有11家来自集团内外的兄弟参建单位、超过100家国内合作科研单位和企业集团，以及上千家当地供应商和企业服务商，管理链条长、协同难度大。要想协调好各方资源、发挥出整体优势是一项巨大挑战。此外，内马铁路要穿越东非大裂谷地质断裂带，地质情况极其复杂，如何攻克这一施工技术难题，对施工方来说是一项重大考验。

这些困难与挑战并没有难倒安爱军及其团队。“我们要用敬业、专业、专注和精益求精的工匠精神，为肯尼亚人民打造百年不朽的精品工程，真正建设经得起历史和运营检验的高质量铁路，为祖国争光、为当地谋福、为企业添彩。”

安爱军引领管理团队通过扁平化管理建立完善的组织管理体系，理顺各种生产关系，最大限度地提高生产效率，为各参建单位健康生产创造良好的内外部环境；他们注重走强强联合之路，协同集团各局院兄弟单位，发挥中交人的协同作战能力，抱团出海，融合共赢。

安爱军始终全面贯彻质量管控体系，注重抓源头、抓过程、抓细节，根据不同的施工阶段，制订质量管控重点措施和办法，坚持“样板引路、试验先行”，严格质量考核和奖罚，保障项目质量。同时，做到成本唯实、全面管控，持续挖潜和提升项目价值。

党建铸魂、勇于担当。安爱军坚定不移地发挥海外基层党组织作用，将党的领导内嵌到项目管理实践全过程，紧紧围绕生产经营任务，通过开展丰富的海外党建品牌活动，将全体参建人员紧紧凝聚在一起。他说：“优秀的蒙内铁路的第一个开放运营日，在内罗毕南站售票大厅，安东尼正耐心地排队等候购买火车票他每周都要从工作地内罗毕返回300多千米以外的家中与妻子团聚，想着以后坐火车光单程就能节省两个多小时，他直呼“真的是太便捷了”。更让他欣喜的是，采用全中国标准建设、运营的蒙内铁路竟也开通了肯尼亚当地的M-pesa支付购票功能。“太人性化了！”小伙子不禁点赞。

安爱军骄傲地说：“蒙内铁路的贯通已经给当地百姓的出行带来了极大的便利，也让货运物流更为顺畅。”

“……它凝固的是友谊，它带来的是希望。我的家乡，一天天更加美好；我的同胞，一天天更加昂扬。”肯尼亚歌手苏迪在《蒙内之歌——铁路修到了我家乡》的歌曲里唱出了当地人的心声。

让东非与“一带一路”同频共舞

“当初，我们说要建蒙内铁路，别人都笑话我们是做‘白日梦’。现在，我们的梦想实现了！”肯尼亚总统乌胡鲁·肯雅塔表示，新铁路“将为肯尼亚的工业化打下坚实基础”。

肯尼亚以蒙内铁路建设为牵引，加强铁路沿线工业园区建设，全力打造蒙内铁路、巴萨港、蒙巴萨经济特区“三位一体”的发展格局，以铁路带动沿线产业和经济社会发展。当前，蒙内铁路沿线的村镇不仅新建了很多酒店、银行、超市，而且又新建了钢制品加工厂、水厂、瓷砖厂等。

内马铁路联通肯尼亚农业和能源重镇Naivasha以及肯尼亚第三大和西部经济交通中心城市Kisumu，便利的交通和繁忙的人流物流将继续促进沿线综合发展，尤其是旅游服务业和生产制造业将获得前所未有的发展。

“我从来不将这条铁路看成是内罗毕或是肯尼亚的铁路。”肯雅塔总统指出，蒙内铁路将连接东非，在非洲大陆打开一条通道，帮助整个非洲大陆吸引投资。

内马铁路、蒙内铁路已与乌干达境内的铁路接轨，并逐步与坦桑尼亚、卢旺达、布隆迪、南苏丹等国家的铁路实现联网，构成东非公共交通的“大动脉”。届时，东非次区域互联互通和一体化进程将明显加快。

在铁路建设过程中，安爱军和他的团队始终坚持做好几万名肯方雇员的管理，提升属地化管理水平，通过完善人才数据库，建立人才培训基地，帮扶生活困难雇员，实现技术转移。他们还与肯尼亚中央政府及地方政府建立了良好的沟通机制，与业主及监理建立了清晰的责权利关系，努力做到与肯尼亚政府、人民、企业共同发展、共享价值。

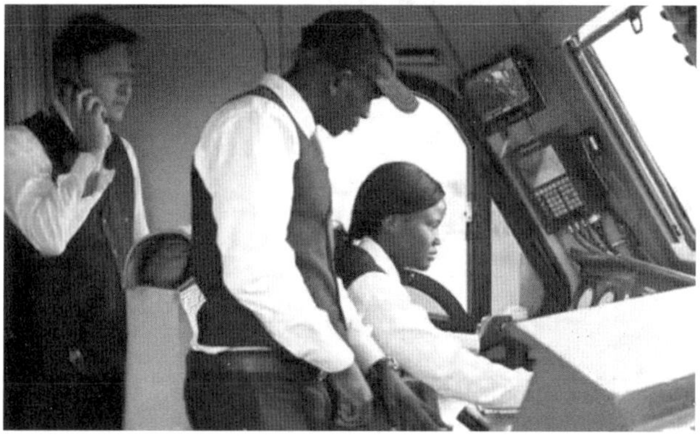

东非铁路网必将为“一带一路”倡议惠及当地人民作出巨大贡献

立足蒙内，拓展内马，覆盖东非，让东非与“一带一路”同频共舞。安爱军和中国交建肯尼亚铁路建设团队相信，肯尼亚标轨铁路建设已经成为中国铁路海外发展的“中交经验”，必将为中国与世界的“一带一路”建设作出应有的贡献。

（由中国交通建设集团有限公司工会提供相关资料）

轧钢状元

荣彦明

荣彦明，男，汉族，1987年1月出生，大学本科学历，首钢京唐钢铁联合有限责任公司钢轧作业部MCCR（多模式全连续铸轧生产线）作业区精轧操作工，高级技师。

☆荣获“北京市劳动模范”“首都市民学习之星”“全国钢铁行业技术能手”“全国技术能手”等多项荣誉

☆2020年，荣获“全国五一劳动奖章”

轧钢状元

超薄钢带从MCCR轧机中喷薄而出，云蒸霞蔚，犹如红绸。

12年时间，他与轧机生产线朝夕相伴，从2250热轧生产线到MCCR（多模式全连续铸轧生产线），在职业生涯中画出了一道明亮有型的轨迹，实现了人生成长的一个又一个跨越：

——22岁，被评为首钢京唐公司“青年创新标兵”；

——25岁，被评为“首钢技术能手”；

——27岁，被评为“首钢劳动模范”；

——28岁，被评为“北京市劳动模范”；

——33岁，被评为“全国劳动模范”。

他叫荣彦明，2008年入职首钢京唐钢铁联合有限责任公司（下称首钢京唐公司），目前是钢轧作业部MCCR作业区精轧操作工。面对光灿灿却又沉甸甸的荣誉，荣彦明深有感触地说：

——“毕业参加工作，恰逢其时；我正赶上首钢搬迁调整、走出北京，成为京津冀协同发展的先锋。”

——“在京唐公司从业，大有作为。它是渤海湾的一颗明珠，被业界专家称为中国钢铁工业的‘梦工厂’”。

——“体现人生价值，岗位圆梦，就要苦心志、劳筋骨，长本领、精操作，赶先进、超先进，轧出最好的钢。”

轧钢操作的“活词典”

2008年，在材料工程学专业大专毕业后，荣彦明入职首钢京唐公司，成为热轧作业部的一名顶岗实习生。当时正在建设的2250热轧生产线，设备工艺技术新，需要高知、高技能。作为一名实习生，被分配到这样先进的产线，荣彦明既兴奋又恐慌。对生产线知识的匮乏，对操作技术的生疏，让他在驾驭热轧机时打过怵，犯过难。然而，他不服输，争分夺秒学本领、提技能。在车间，热轧生产线单体、联动、重负荷试车，随处可见他的身影；在宿舍，他学理论、记笔记，彻夜钻研；在学习中心，他听讲座、提问题，涉猎广泛。他一边学一边记，光学习笔记就记了30多本。为了能够使轧制操作更加流畅，荣彦明攻克英文操作界面障碍，熟记2000多个热轧专业单词，操控70个按钮如同弹钢琴，练就了“手、眼、心”合一，“稳、准、快”的精轧操作基本功。

年轻的荣彦明已经成为工友们心目中的“活词典”

绳锯木断，学有所成。2009年初，荣彦明独立顶岗，成为一名真正的精轧工；2010年，通过自修，考取本科学历；2013年，发表论文《热轧2250合金冷轧料轧制事故分析》；2014年，成为北京市轧钢比武状元。荣彦明主编和参编34个精轧SOP（标准作业程序）手册，涉及1000多个标准化作业控制点。从那以后，无论是工作时间面对工友的当面提问，还是在家休息接到工友打来的电话，只要大伙儿有拿不准、吃不透的操作问题，荣彦明都会耐心解答——他成了轧钢操作的“活词典”。

挑战极限的“竞技者”

业内人士普遍认为热轧生产有两难：一个是轧厚板材，表层和中部金属结构组织难均匀；另一个是轧薄板材，板型难控易轧废。无论是薄还是厚，都是难啃的硬骨头。然而，首钢京唐公司2250热轧机却实现了轧制厚度从最薄1.2毫米到最厚25.4毫米的全覆盖，被誉为“万能轧机”。荣彦明抓住与企业共发展的际遇，敢于担当、敢于争先，勇于赶超国内先进水平。

中石油中俄东线X80管线钢的厚度为21.4毫米，技术参数十分苛刻，需要在-30℃以下的环境进行落锤冲击实验，要求在冲击力为4500吨时不发生脆裂。生产操作中，荣彦明把精轧入口板坯温度严格控制在940℃，细致地调整轧制力、电流、扭矩，以达到设备设计的最佳极限值。最终，他轧制的板材内外部金属结构组织均匀，达到了国内先进水平。

为生产SFB700型号、厚度仅1.6毫米、宽度1175毫米的薄规格防爆钢，荣彦明和团队成员精准控制板坯头、板坯尾温度和七联轧机压下量，采用快冷技术增大变形抗力，避免了板材轧制跑偏、起浪、甩尾和堆钢，轧制试验一举成功，填补了国内同型号热轧产品生产的空白。

高难度轧制的钢种生产对工艺路线、设备精度、生产操作都是极大考验。在生产操作方面，大家想到的第一个能手就是荣彦明。荣彦明也有许多新尝试：第一个轧制出高强度汽车用钢，第一个轧制出SPAH极限规格集装箱板，第一个轧制出出口瑞士的高表面等级的汽车外板。其中，SPAH极限规格集装箱板荣获中国冶金钢铁企业“特优质量奖”。

勇攀“珠峰”的“运动员”

为了适应经济新常态，各企业竞相角逐成材率的攀升，以求提高质量，降低制造成本，提升运营效益。荣彦明感到了压力，暗自下定决心：上班一天，精彩8小时；轧好每一块钢，提高成材率；多创效益，为企业发展尽心力。

马口铁冷轧板薄如蝉翼，用于制作可乐等饮料的易拉罐，被世界冶金业内人士赞为“钢铁之花”。该产品为高端高附加值产品，板面质量要求十分严格，哪怕出现针尖儿般的细眼儿，厂家都要退货罚款。2250热轧生产线负责轧制厚1.6毫米的马口铁冷轧基料。接单后，他们几经努力，成材率逐步稳定在了98%。

成材率攀升到98%已是国内先进水平，再想提升0.1个百分点，就像优秀运动员在100米冲刺中到了极限之后再提高0.1秒的成绩一样，难度极大。然而，板卷成材率每提高 0.1 个百分点，就会产生上万元效益。“要做最好的运动员，哪怕是遇到最高的珠穆朗玛，也要向顶峰攀登!”荣彦明和团队成员一道摸爬滚打，执意追求成材率 0.1 个百分点的提升。

荣彦明是个有心人，笔和本不离身，方便随时把板材轧制中的温度、压力、除磷、板型等变化认真记下来；下班回到家，夜深人静时，荣彦明对记下的问题逐个进行分析，仔细琢磨。在板材轧制间歇，他蹲在生产线旁边，用强光手电照射，用手心触摸钢板，用面巾纸擦拭轧辊，去除针尖儿般微小的氧化铁渣。日复一日、月复一月，功夫不负有心人。在荣彦明和团队成员的共同努力下，从积累轧制经验，到完善技术参数，再到建立工艺模型，直至维护设备精度和完善精益操作，轧制薄规格马口铁冷轧基料的技术日渐精进，成品卷轧废、质量缺陷、客户异议等锐减，成材率再次爬坡，上升 0.29 个百分点，增加效益 1260 万元，制造成本降低到 178 元/吨，达到当时国内钢厂领先水平。

敢为人先的“拓荒者”

2018 年，首钢京唐公司落实做优做强钢铁业战略部署，建设具有世界领先水平的多模式全连续铸轧生产线——MCCR。作为首钢金牌轧钢工，荣彦明毅然加入建设生产团队中。

集科技性、创新性、集约性于一体的 MCCR 具有天然的工艺和技术优势。200 多米长的生产线集成了 1000 多米常规生产线的功能，不但流程紧凑，而且 300 多万个零部件全部属于刚性连接，如果一个螺栓松了，或者出现 0.01 毫米的操作误差，都会导致生产事故，全线停产。由于这是世界首条 MCCR，操作上毫无经验可借鉴，调试过程异常艰辛，MCCR 调试团队因此被称为“拓荒队”，荣彦明便是其中之一。“干了这么多年，轧了好几万吨钢，依然有很多问题之前没遇到过，许多解决方法需要突破性的思考。”面对这样一条特别的生产线，荣彦明主动转变，积极迎接挑战。

轧制控制时序对于精确把握生产线轧制过程、实现预期目标起着至关重要的作用。在调试第一块半无头板坯时，调试团队依据外方专家团队给出的半无头控制时序进行模拟测试，都始终没有成功。从下午到凌晨，8个多小时的连续研究和奋战，让外方与攻坚团队都处于焦虑之中。“Do it in this way. No problem.”（就这么做，没问题！）当所有人都感到困惑和迷茫的时候，荣彦明大胆地提出了一套新的控制时序。根据10年轧钢经验，结合生产线特点，他与自动化专家反复计算推理，得出了一套不同的控制参数。对于荣彦明的意见，外方专家们不以为然，坚持遵照原有的控制时序操作。可荣彦明没有放弃，他坚持自己的想法，并亲手尝试轧制。在所有人期盼的目光中，第一块半无头板坯轧制成功了。曾经一直很强势的外方专家，对荣彦明竖起了大拇指。

实事求是，从问题出发，已经成为荣彦明始终如一的工作态度

勇扛重担的“挑山工”

2020年初，新冠肺炎疫情暴发，伴随日益严峻的疫情形势，为MCCR进行现场调试的外方专家全部撤离回国，给正处于关键期的调试工作带来严重影响和极大挑战。为实现年内达产达效的目标，打赢调试攻坚战，钢轧作业部党委带领全体干部职工不等不靠、主动作为，扛起自主攻关调试的大旗。作为调试核心团队中的一员，同时更作为一名共产党员，荣彦明深深感受到使命的光荣和责任的重大。

那是一段异常艰难的日子。生产线非常不稳定，设备、工艺、操作问题频频出现，经常发生堆钢事故。“没有了老外这根拐杖，突然不适应，甚至是茫然。外界对于 MCCR 的先进性和团队能力的质疑声也大了起来。必须咬牙挺过去，再难也要靠自己！”面对压力和质疑，荣彦明和团队成员没有气馁，从零开始，从问题出发，一步一个脚印，进行调试攻关。

感应加热器是无头轧制过程中的关键设备，当投入感应加热器时，由于控制方式不合理造成中间坯跑偏事故，整个无头调试陷入停滞。当把问题反馈给远在国外的外方公司时，外方专家团队认为与感应加热器无关。此时，荣彦明没有迷信权威，通过蹲守在感应加热器旁观察分析，对控制程序一点一点排查，终于找到了中间坯跑偏事故与感应加热器之间的问题根源。他带领团队奋战 36 个小时，采取控制上下线圈重合度及限制加热功率等措施，最终解决了这个难题，为无头轧制顺利调试打下坚实基础。实现了单块、半无头、全无头稳定轧制，无头比例达到 89. 5% 。

“蜀道难，难于上青天”，自主推进调试无异于负重上蜀道，而且还有时限的要求。在疫情形势最严峻的日子里，为了吃透生产线，荣彦明与伙伴们夜以继日地扑在生产线上，研究摸索，反复尝试。他白天盯在现场，保证设备稳定，晚上对调试方案反复斟酌，甚至推倒重来，24 小时连轴转更是家常便饭。最终，快速变厚控制、动态窜辊、负荷分配等一系列连外方专家都难以破解的技术难题被逐一攻克，生产线运行趋于稳定。2020 年 6 月，MCCR 完成达产目标，7 月全面盈利，8 月实现了产量、效益双突破。目前，在荣彦明与攻关团队的共同努力下，MCCR 不断刷新成绩，在连浇炉数、高拉速、无头板坯轧制比例以及品种规格拓展等方面均取得了进步和提升。在驾驭世界首条多模式全连续铸轧生产线的征途中，荣彦明迈出了坚实的一步。

春色满园的“播种人”

因为懂得多，实战经验丰富，荣彦明身边的同事一有拿不准的问题就找他询问。为了更好地帮助职工解决问题，经过 6 个月的总结、提炼、验证，他编写出《热轧板带轧钢操作法》。该操作法应用于职工培训后，大幅缩短了新职工操作技术培养的周期，实现了职工快速上岗，被公司命名为“荣彦明最佳轧钢操作法”，获得公司职工“最佳操作法”一等奖。

干精轧不易，干好就更难了。时间的磨砺和经验的积累，让人才培养越发紧迫。

时间回到2019年。MCCR建成投产后，首钢京唐公司急切需要经验丰富、技术扎实的轧钢工。可MCCR团队的平均年龄只有24岁，大都是近两年刚刚毕业的大学生。在探索厚度1.0毫米以下的设计极限规格、开发更多新品种的过程中屡遭失败。在每次失败过后的分析会上，大家都无精打采，沮丧失落。

“没关系，又长了一次经验，都会有这个过程的。”荣彦明深知“一花独放不是春”，团队整体技术实力的提升对于完全驾驭新产线至关重要。他默默下决心：一定要打造一支技术过硬的操作团队。

编规程、定制度，班上练操作、班下补功课。为了加快MCCR轧钢人才的培养，荣彦明将自己的经验毫无保留地传授给身边的同事，培养了11名优秀的轧钢工。

2020年，“荣彦明创新工作室”落成，工作室拥有多媒体教学设备，可进行3D虚拟操作、3D全景模型展示等。现代化、智能化的教学设备帮助荣彦明在人才培养和经验传承上更加快速、有效。如今，荣彦明的学生们已经初步具备了支撑生产线调试和生产的能力，在解决提拉速等技术难题中发挥着积极作用，通过扎实的操作，红锈、塔形等质量缺陷也得到有效控制。

新时代、新担当、新作为。如今，荣彦明正带领他的团队，以强烈的使命感、责任感接续奋斗，在追求极致、探索未知领域的道路上扎实迈出每一步，为首钢京唐公司全面实现“四个一流”、实现钢铁强国梦作出更大贡献！

（由首钢京唐钢铁联合有限责任公司党委宣传部提供相关资料）

要干，就干到最好

胡正伟

胡正伟，男，汉族，1986年10月出生，中铁电气化局集团第一工程有限公司一分公司信号工，高级工。

☆2020年11月24日，荣获“2020年全国劳动模范”称号

人生征途，逐梦前行

1986 年的秋收季节，河南省商丘市坞墙村胡姓农家喜得贵子。父亲甚喜读书，见儿子面容饱满，身体健硕，故起名正伟。

正伟从小喜欢读《西游记》《杨家将》《岳飞传》，上小学时酷爱语文。语文课本中的《詹天佑》一文，字里行间，让他隐隐有着莫名的感动。民族工业、产业报国，詹天佑的形象在其幼小的心灵中挥之不去。

2005 年 5 月 15 日，19 岁的胡正伟走出校门，去往车站的步伐却没有了往日的轻快：告别同学的惆怅，外加就业去向的重大选择，是回归桑梓还是投身铁路？父亲让他自己拿主意。

三天后，胡正伟到浙赣电气化铁路改造工程诸暨站报到。在他入路第二天，就赶上了“电缆沟开挖百日竞赛”启动。按中铁电气化局的传统，新人入职都是要经过考验的，这个考验就是要过劳动关。现场师傅认可“学生兵”的专业知识，但普遍认为年轻人的意志尚需磨炼。

新人们每天披星戴月，睡的是低矮潮湿的通铺，走的是泥泞崎岖的山路。高强度的工作让他们有时候靠着树都能睡着，好几个同学都当了逃兵。但是，相信天道酬勤的胡正伟自信又不怕苦累。三个月，人晒黑了，也瘦了一圈，但胡正伟经受住了考验。在师父和工友们满意的目光中，他走上领奖台，领取了“竞赛先进个人”证书。

同年 10 月，胡正伟幸遇名师——信号专家田瑞朝，他给胡正伟上的第一课便别开生面。那是一个工休日的早晨，田师父带他于凌晨 4 点就起身，赶班车来到钱塘江大桥畔。两个人在桥边足足站了两个小时，一言未发，又转回了工地。

多年来，师徒两人从未提起那一幕。但在当时，聪慧的胡正伟读懂了师父的用心：“怒涛卷霜雪”的钱塘潮可留壮观之回忆，重要的是看桥。正如“中国桥梁之父”、钱塘江大桥设计师茅以升的诗中所言：人生如征途，渡桥曰奋斗。

在中铁电气化局“导师带徒”的氛围中，胡正伟拜名师、学真功，勤学苦练，并通过自考考取了北京交通大学信号专业。

业精于勤，永无止境

胡正伟主动找到巨晓林大师工作室研发组组长潘云卿，表达了学习意愿，正式加入工作室研发组。历时一年，课题组研发的“便携式铁路信号通用模拟盘”获得实用新型专利证书。2019 年 8 月至今，他在北京地铁八通线南延项目部工作。这是他首次接触动车调试，他和同事们边干边学习，在老师傅的精心指导下熟练掌握了动车调试的所有工序，并在这次动车调试的过程中收集了各种技术资料，整理成册，作为分公司员工以后学习的材料。他还向工作室提交了推进创新成果转化、构建代际传承绝技绝活机制平台的建议书。不久，这些建议迅速得到推广。

“只要是自己接过的任务，就干到最好”

胡正伟常常说：“只要是自己接过的任务，就干到最好，没有理由和借口。”这既表明了他对待工作和事业的积极态度，也是他对自己多年勤奋积攒下来的经验和技能的自信。

在新建北京动车段工程中，他首倡采用“井”字形支架，进行电缆分绕，实现了国内铁路信号专业单位电缆间“工效提升、空间节省、工艺美观”的理念，节省成本 21.9 万元。

在昆广达速信号改造工程中，他参与研制的铁路信号机柜整体移动工具提高工效30%，节约成本9.9万元。

他积极为京九线黄村站信号专业技术攻关小组献计献策，协力攻克工程瓶颈。项目完工后，单位被建设指挥部授予“电务施工的排头兵，攻坚克难的铁队伍”的奖牌。

为保证天津地铁3号线如期开通，他与QC小组“云端共计”，优化出“提高隧道洞顶钻孔速度”的施工组织方案，获得北京市一等奖。

信号工工作责任重大、使命光荣

在公司开展“抗疫情 保增长”劳动竞赛期间，为抢回工期，他立下“军令状”，带领党员突击队奔赴京哈铁路，采用“防控到人、责任到位”的闭环式流水作业法。40天的工期，27天完成，打破了信号联锁设备安装试验施工瓶颈。

2016年，胡正伟参加京广线改造工程期间，负责西道口站至琉璃河站段的施工。按照北京局施工文件规定，汛期不能动土施工，所有的动土工作量要在5月底全部结束。为确保工期，他认真核对现场和施工图纸，反复计算电缆的长度，精确到米，确保不会返工，为后续工作争取时间，最终按时完成了京广线的施工工作。

2018年7月，胡正伟参加大丽线提速改造工程。信号专业实际工期仅约三个月，并且存在运输困难、施工任务量大等难题。他带领施工人员从人、机、料、法、环入手，逐个攻破阻碍工期的环节，确保了全线顺利开通。

每一次面对急难险重的任务，身为共产党员的胡正伟都始终保持着冲锋陷阵的姿态。从一名普通的工人、副队长到队长，从项目副经理到经理，时间在变，职务在变，但不变的是初心，这就是他砥砺前行的信念源泉。

在上海市轨道交通 10 号线信号系统安装工程攻坚中，他率队在地下隧道里鏖战 72 小时，克服缺氧困难，保障了上海市政工程在重大节点的如期完成。

2018 年，在大丽线花兰箐站信号改造施工中，面对高海拔以及山间悬空桥氧化、酥脆、狭窄的踏板，为解决无法全面展开作业面的难题，他腰挂牵引索，在百米高空毅然上演“勇者飞渡”。

在昆明站改造中，由于陈年电缆井和夹层含有大量有害气体，胡正伟提出“一测、二排、三试、四下”工作法。每次下井测试，谁都抢不过自称“排雷队长”的胡正伟。

在昆广改造项目会战中，他率领 420 名员工，擎起“工人先锋号”旗帜，指挥九个作业队同时进行施工，保障了“作业零违章、岗位零隐患、管理零缺陷”的精品工程建设。

“做一个欢乐的人，与人有益，对己无私”

胡正伟的妻子同为电气化员工，全身心支持胡正伟的工作，一直伴他辗转工地。

2014 年，胡正伟负责内蒙古集包增建二线中施工任务量最大的呼和浩特南站，开通任务十分繁重。当时，不巧赶上他的妻子早产且伴有妊娠高血压，直到推进手术室，妻子才让公公通知远在工地的胡正伟。结果，他只陪妻子待了一周，就匆忙回到了施工现场。当他第二次再抱起大儿子的时候，已是三个多月后了。

2020 年春节，一场疫情给所有项目按下了暂停键。恰逢二儿子即将出世，胡正伟原本同大家一样，隔离在家。但随着“抗疫情 保增长”集结号的吹响，京广线信号专业要求迅速复工。此时，二儿子尚未满月，父母心怀牵挂，但懂他的妻子已经开始默默为他收拾行囊。他带着眷恋与不舍，再一次拥抱家人，奔往车站，一路没敢回头。

由于感觉自己亏欠了妻子和儿子，胡正伟在心中暗暗发誓：以后的日子里，一定要加倍弥补家人。然而，全身心扑在工程上的他一次又一次“失言”了。

在胡正伟的电脑里，有一个加密的文件夹，上面的图标是心形，密码是爱人和孩子生日的组合，内容是21封永远珍藏的家书。

胡正伟为人谦和，微笑是他的标签。他的人生格言是：做一个欢乐的人，与人有益，对己无私！他对自己的要求是：工作中要当称职经理，生活里要做暖心胡哥。

胡正伟有个“有情、有义、有趣、有品、有为”的“五有论”，受到同事们的认可。和所有年轻人一样，他也有自己的诗和远方。热爱生活的他喜欢下厨给家人和工友做饭，手艺比镇上的厨师还好——妻子给他起了一个昵称，叫“会武术的厨子”。

阅尽征程好风光，更有胜景在前头

通过多年来的不懈努力，胡正伟荣获2015年度中铁电气化局集团优秀共产党员、2017年度中铁电气化局集团一公司一分公司“爱企立功”竞赛活动施工组织标兵、2017年度中铁电气化局集团一公司一分公司优秀工会积极分子、2018年度中铁电气化局集团一公司昆广线“晓林杯”劳动竞赛先进个人、2018年度中铁电气化局集团一公司优秀共产党员、2019年度中铁电气化局集团一公司优秀共产党员等荣誉。由他带领的胡正伟青年突击队被评为2015年度中铁电气化局集团一公司优秀青年突击队。

在2020年全国劳动模范和先进工作者表彰大会上，胡正伟接过全国劳动模范荣誉证书，心情格外激动。这份至高荣誉是对他15年勤学创新的肯定，也是对他再接再厉、勇攀高峰的最大鼓励。

（由中国中铁电气化局集团有限公司宣传部提供相关资料）

大国工匠

李万君

李万君，男，汉族，1968年出生，1987年7月毕业于长春客车厂职业高中。现任中车长春轨道客车股份有限公司高级技师，享受国务院特殊津贴。

☆2011年，荣获全国五一劳动奖章

☆2011年，荣获“中华技能大奖”

☆2015年，荣获“全国劳动模范”称号

☆2016年，获选“感动中国十大人物”

☆2017年，当选为党的十九大代表

☆2019年，当选“大国工匠2018年度人物”

“长大了，我也要像父亲一样好好干，也得大红花！”

李万君出生在一个普通的工人家庭，父亲是1958年入厂的客车厂老工人。李万君读小学时，父母的勤劳朴实、踏实孝顺，特别是工作上的敬业态度，给他留下了深深的烙印。母亲连续4年获得厂级先进生产者，父亲连续7年获得公司、吉林省五一劳动奖章以及长春市劳动模范、北车劳动奖章等荣誉称号。

有一次，父亲拿回刚刚颁发的奖章和大红花，李万君和他的两个弟弟三人抢了起来，都想戴在胸前。当时，两个弟弟太小，没有抢过他，小弟弟哭了，李万君就把大红花给了弟弟。那个时候，他心里就想：长大了，我也要像父亲一样好好干，也得大红花！

李万君的父亲是客车厂机械加工车间的刨工。李万君上高二的时候，父亲厂里下发了一个通知：只要是客车厂子弟，家里写个申请，就能到本厂当一名国营合同工。

李万君动了心，他先跟着父亲到工厂车间体验了一下。看到父亲熟练地操作着铁板，技术娴熟、行云流水，像小孩玩耍似的很有乐趣，那一刻，李万君就下定了决心。回到家里，李万君非常渴望地跟父亲说：“爸爸，您赶紧给厂里写一个申请，我想去客车厂当一名工人。”

父亲写的申请被批准了，李万君如愿进入焊接班。1987年，在职业高中学习了半年理论和实操后，他和同班28个同学一起进了工厂。但在进入车间的一刹那，他突然感到后悔了——车间里的工作并不像他想象的那么好玩。一瞬间，他觉得理想和现实差距太大了。

李万君干的是轨道客车的电焊工作，也就是老绿皮火车上的水箱和火车下面的压力容器之间的焊接。那时候，厂里用的都是很落后的老式焊接设备、电焊条，而且厂房矮小，条件非常差。20多个焊工在车间里干电焊工作的时候，屋里的烟气瞬间就会涌上来，而且车间里也没有排风机，工作场地烟气腾腾，十几米开外根本看不到人。工人们下班洗完澡，鼻孔里还是黑黑的。回忆起刚进工厂时的工作状态，李万君感慨颇深：“一进入车间，火星子乱蹦、烟雾弥漫。夏天，焊枪的火焰有2300℃，烤得人上不来气。冬天，在水池子里作业，脚上穿着水靴子，身上挂一层冰。每天要把焊件放在一个案子上滚动，衣服上蹭的全是油。每当公司开会时，20多个焊工走在一起，全场就传出一句顺口溜——远看像逃难的，近看像要饭的，仔细一看，是水箱工段干电焊的。”

在这种艰苦的环境中，很多同学都不干了：28个同学，最后只留下了3个人。看到别人高高兴兴地被调走去从事别的工作，李万君也觉得干电焊没啥出息，想打退堂鼓。他跟父亲说了自己的想法，让父亲帮他调动工作。

父亲跟他说：“万君，爸爸是工人，知道你的工作又苦又脏又累，爸爸也很心疼你。可爸爸又一想：脏也好，累也罢，活儿总得有人干。大家都走了，谁来完成任务啊?!”虽然当时李万君还不太理解父亲的初衷和对他寄予的期望，但孝顺的他还是听了父亲的话，坚持了下来。

“只有当个有技术、能发明创造的工人，才会有出息!”

父亲常对李万君说：“灯在白天是不能引人瞩目的，只有在黑夜才能显示出它的光辉。作为一个工人，你不学习技术，走到哪儿都不行，有可能一辈子就混过去了。电焊还是有点技术含量的，说不定将来会有出息!”为了提高李万君的技艺，父亲经常给他抱来边角料、废铁块让他练手艺。当别人在空闲时间打扑克的时候，李万君却拿着焊枪，摆弄着铁块。工友们常笑他：“李万君，你是不是你爸亲生的?”

李万君的领导张道祥每天起早贪黑、任劳任怨，对待工作兢兢业业。看到领导每天都这么干，李万君从心底里敬佩。后来，车间里又出现了一位创新型劳模——屈伟建师傅。屈师傅发明了许多自动焊接的小车：一按电钮，小缝就焊完了；再一按电钮，基本上几个件就完工了。他搞的发明创造把工人从最苦、最累的劳动当中解放出来，得到了大家的肯定和赞誉，并被授予全国劳动模范荣誉称号。

在父亲的督促下，在榜样的带动下，李万君的想法更加明晰：当工人不是没有出息，同样会赢得尊重！

于是，当大家都在休息的时候，他依然不停地向老师傅讨教焊接技艺。哪个师傅活儿好，他就去旁边看，并且起早贪黑地练习，反反复复地琢磨。在那段训练的日子里，他每天要焊掉近 300 根焊条。厂里要求每人每月焊 100 个水箱，他总会多焊 20 个；厂里两年发一套工作服，他一年得磨破四五套；……

辛苦的付出，收获的是意想不到的硕果

经过努力，在上班第二年的时候，李万君在公司客车厂大赛中获得了第二名的好成绩。第二名奖励半级工资，一级工资 14 块钱，半级工资就是 7 块钱。按照厂里规定，每年车间只给班组三级工资，但也不是所有人都能享受。轮到他们几个年轻工人，一般来说要等到三年以后。李万君没有想到的是：客车厂大赛后，厂里直接就给了他半级工资！

李万君受到了极大的鼓舞和激励，尝到了勤奋工作、掌握技术的甜头。此后，他更加努力，刻苦钻研。多年勤学苦练下来，李万君把焊枪使得出神入化、人枪合一，并在企业大赛中多次获得第一名的好成绩。他越来越感到：把工作当成一门艺术，就不是简单的工作，而是一种享受。

1995 年，李万君终于如愿成为一名共产党员。“当时工作条件艰苦，我就想好好干活，加入党组织能够发挥更大作用。”为了充分发挥党员先锋模范作用，李万君更加全身心地扑在工作上。

1996 年秋，厂领导动员李万君报名参加长春市举办的技能大赛，其中有一个仰脸焊环节。当时，李万君所在的车间没这活儿，周围也没人焊过，他苦苦练习近半个月，怎么练也不成，把他急坏了。有一天，李万君偶遇退休的娇云师傅，就把仰脸焊的难度告诉了娇云师傅。娇云师傅一听就乐了：“万君，你别着急，我知道咋焊，看到过别人是怎么焊的。要用断弧法焊，看着底下别变红就行了。”听完之后，李万君紧赶回到车间打了个样，按着娇云师傅说的操作方法，焊出来的缝一个比一个好，越焊越想焊，越焊越来劲。等他忙活完，一看表，都深夜 12 点半了，晚饭没吃都

不觉得饿——是啊，他太高兴了，心里终于有底了、有把握了！

日复一日执着苦练，瞬息之间浑然天成。从 1997 年到 2007 年，李万君先后 3 次代表中车长春轨道客车股份有限公司（简称长客）出征吉林省长春市焊工大赛，3 次获得冠军。2011 年，因为他的技术“代表了车辆转向架构架焊接的世界最高水平”，李万君荣膺“中华技能大奖”。通过比赛，他为集体争了光，自己也大有收获。通过参加大赛，李万君被破格晋升为高级技师。自长客建厂以来，通过比赛获得技师、高级技师职称的，李万君是第一人。

“自己会和能在短时间内教会别人，是两件事儿”

说到李万君带徒弟，有这样一个传奇故事。

2007 年，全国铁路第六次大提速，长客开始接到订单，生产动车组。李万君工作的车间生产的是动车的转向架，它关系到高铁运行的速度和安全，是最重要的部件之一。当时，外国专家来到车间一看，说缺 400 个焊工。虽然厂里在社会上进行了招聘，但那时候没有人会用二氧化碳焊接技术，都是用干电焊条做焊接。

最重要的是，这 400 个焊工要考国际焊工资质证书。公司开始联系德国的一家培训机构，谈判结果让负责人犯了难：一是费用高，只要专家乘坐的飞机从德国一起飞，就要按小时给人家开工资；二是时间长，德国人制定的培训计划是 2 年，严重制约中国高铁的生产进度，会对国家高铁建设重大项目产生不利的影响。

经厂领导研究决定，决定让李万君当指定的培训老师。回忆起此事，李万君历历在目：“接到这个通知，我可乐坏了。因为这不是挣多少钱的事，而是公司领导的信任，让我从一个技术工人变成了技术老师。同时，我也觉得自身素质不够，就想寻找一些资料，购买一些相关书籍。可是，我在很多书店找了半天都没找到，后来才意识到：中国高铁刚刚开始生产，哪有适合咱们焊接的书？这就逼着我将多年总结的二氧化碳操作手法、经验，包括焊枪角度、运条方法编制成 PPT，通过幻灯片给学员讲解。

这样的培训效果特别好，学员们一看就非常容易接受。”

如此一来，加上学员们的共同努力，一批接着一批的培训顺利完成，效果都非常好。就这样，李万君在很短的时间内完成了培训任务。

外国专家到处打听：长客从哪个国家聘请了这么好的培训老师？令老外们想不到的是，一个只有职高学历的工人创造了世界培训界的奇迹。在一步步的检测过程中，400多名校企联办培训班，每一批学员都合格了，而且全部提前半年考取了国际焊工资质证书！

“要想学好技术，成为拔尖人才，有三个条件：第一，就是在学校的时候一定要好好学习、掌握好专业知识；第二，在学技能的时候不能光靠苦干，要用智慧来不断钻研，不断学习，不断创新；第三，作为一个技术工人，一个工匠，要做到与时俱进，跟上国际社会的不断发展，学习新设备、新标准、新工艺、新要求。”这是李万君对徒弟、对学员、对青年职工常说的一段话。

“宁愿战死在战场上，也不能被困难吓倒！”

2016年，李万君带领团队开始接手纽约地铁项目。纽约地铁闻名于世，因为它是世界地铁的一个窗口，每年载客量25亿人次，很多能生产地铁的国家都想中这个标。但纽约地铁的要求非常苛刻，有100多项检测项目。如果把纽约地铁的生产许可证拿下来，那就意味着相关产品到其他国家一律免检，可以为中国地铁乃至中国高铁走向世界开辟绿色通道。

李万君刚开始接到的任务是制作4个纽约地铁的转向架，材料都是从美国空运过来的，厚度是国内地铁钢板的4倍，据说耗资巨大。在实验过程中，4个转架中的3个检测合格，而第四个转向架的2个焊口已经修补2次了。按照规定，同一部位最多只能修补3次，否则这个材料就要报废。

面对出现的难题，公司领导出于对李万君的关爱，打算安排他的徒弟焊。因为李万君已功成名就，万一失败了，影响不好。

李万君的徒弟都围在转向架前，瞅着这个焊缝，但是谁也不敢伸手。一时间，李万君感到特别羞愧。他毅然决定，不管后果如何，必须亲自

李万君始终坚守在挚爱的岗位上

上！而且2个焊缝全部返工！他认真查找原因，寻找办法，一直修补到半夜。一周以后，美国聘请国际专家来检测，专家在现场检测了一上午，最终检测结果是这4个转向架全部合格！

“我要把我的全部智慧和技能，融入中国高铁的每一条焊缝里！”

李万君在分享自己30多年坚守焊工岗位直至成为技术专家的经历时，用自己的实践告诉中国工人：当工人是有出息的，当一个有技术、能发明、会创造的工人，更会获得尊重！

2019年10月1日，在隆重庆祝中华人民共和国成立70周年的群众方阵队伍里，李万君登上了“复兴号”彩车，经过天安门，接受党和国家的检阅。亲身感受国家的富强和伟大更增添了他的爱国热情，也让他真正感受到作为一个劳动者的光荣。

李万君经常说：“我赶上了一个好时代，在自己的岗位上，用工匠精神、劳模精神做好每一天的工作，于是就有了今天人生的精彩。”在李万君心里，工匠精神就是精益求精，追求卓越。要把全部精力投入到工作中，用智慧加技能，把手中的产品不断升华，最后达到极致，成为工业上的艺术品，让产品走向世界，为国争光！

大国工匠李万君

“一把焊枪，一双妙手，他以柔情呵护复兴号的筋骨；千度烈焰，万次攻关，他用坚固为中国梦提速。李万君，那飞驰的列车，会记下你指尖的温度！”这是在“大国工匠 2018 年度人物”颁奖礼中，会议主办方给李万君撰写的颁奖词。站在产业工人的璀璨领奖台上，在人生的辉煌时刻，他掷地有声地说：“我要把我的全部智慧和技能，融入中国高铁的每一条焊缝里，实现产业报国，为中国梦提速！”

（由李万君本人提供相关资料）

在火神山医院旁为生命救援“加油”

李郑军

李郑军，男，1973年出生，中国石化湖北石油武汉知音加油站站长。

☆2020年9月，荣获“全国抗击新冠肺炎疫情先进个人”称号

中国石化加油站是能供大家栖息的“红帽子港湾”

2012 年 10 月，中国石化湖北石油武汉知音加油站（下称知音加油站）开业，李郑军成为第一任站长。2019 年末，一场突如其来的新冠肺炎疫情，让武汉成为一座举世瞩目的城市。那时的李郑军已经当了近 8 年的加油站站长，他怎么也没想到，自己管理的这座位于城郊的小站会成为社会关注的焦点。

“站长，我们加油站外面运来好多施工机械，还有上千名建筑工人，他们说火神山医院就建在我们加油站隔壁。”2020 年 1 月 23 日晚上 10 点，刚回家的李郑军接到了加油站员工李连九的电话。

当他冒雨赶回加油站，看到在加油站罩棚下面躲雨的工人后，顿时有点傻眼，立刻通知加油员切断加油机电源，确保加油站安全。一墙之隔的火神山医院施工现场，挖掘机、推土机等设备轰鸣声不断。短时间聚集起来的施工队伍非常庞大，后勤保障暂时跟不上，生活条件十分艰苦。由于连日阴雨，火神山医院施工现场全是泥巴，参与建设的施工人员连休息的地方都没有。知音加油站是一个小型加油站，只有 4 名员工，员工们在站长李郑军的带领下，一刻不停地为建设者们提供力所能及的帮助。

“喝点开水暖暖身子吧！”

“还没吃饭吧，我们有方便面、饼干。”

见施工人员日夜辛劳，李郑军和李连九他们毫不犹豫地跟着忙起来，给施工人员烧开水、泡方便面，最多时有 20 多人等着开水泡面。加油站烧水壶不够，李郑军将自己和邻居家里的烧水壶全都拿到了单位。几天下来，知音加油站烧坏了 6 个水壶，每天为施工人员提供 200 多壶热水。他们用行动让火神山医院 4000 多名施工人员感受到：隔壁的中国石化加油站，是一个能够让他们在高强度的劳动中获得片刻歇息的“红帽子港湾”。

“救护车的油，我来加”

仅仅 10 天时间，火神山医院建成投用。知音加油站临危受命，成为医院抗疫车辆油品定点保供站。作为站长，李郑军始终坚守在这个方寸大小的“阵地”上。

2月2日，离火神山医院接诊日期仅剩一天。看着加油站油罐的80吨油品，李郑军心里很踏实，因为这80吨油品能保障1200多台救护车及应急救援车辆的油品供应。然而，站里的4台加油机已经用了好多年，一旦出现故障，会直接影响油品保供。李郑军凌晨就给公司领导打电话，希望马上派人对加油站进行保养。当天上午，3名加油机维修人员克服限行困难，赶到知音加油站完成了保养和检测。

火神山医院建成投用后，只要遇到转运病人的救护车进站加油，李郑军总是第一时间迎上去服务。“高峰时期，我们一天要为近50台救护车服务。送往火神山医院的都是重症和危重病人。刚开始我也害怕，但想到医护人员在争分夺秒地拯救生命，我必须坚守岗位，为他们的救护车加油，这是我们的职责。”每次服务救护车，加油员都要对加油设备及进站车辆消毒；加完油后，要给加油机消毒。加油站每天要进行3次全面消杀。

李郑军主动承担起最危险和最累的工作。他冒着生命危险，近距离为转运患者的救护车和司乘人员服务，服务救护车520台次、军车130台次。由于长期接触酒精、消毒液，他的双手脱皮，裂开一道道血口。

在为火神山医院提供定点保供加油服务整整57天后，知音加油站重新与外界“联通”，恢复营业。其间，该加油站共服务了近700台次的抗疫车辆。看到他们跑前跑后忙碌的样子，抗疫官兵主动学习自助加油。“我们就要离开了，你为我们服务了50多天，一直不知道你长什么样。”早已结下深厚情谊的驻鄂部队后勤部助理满含热泪地说。李郑军和他双双摘下口罩，在加油站门口拍了张合照。

4月7日，火神山医院给该站送来一面锦旗，“联合抗疫彰显企业担当，军地协同共筑坚强堡垒”两排大字分外醒目。

随着《火神山十天建成的真相》纪录片的热播，李郑军体验了一次“网红”的感觉，甚至有不少热心市民慕名前来加油，想要与他合影。大家一句“辛苦了，注意安全”，让李郑军心里暖暖的。到4月20日，李郑

火神山医院给知音加油站赠送锦旗

军和他的战友们已经在加油站坚守整整 90 天。

“我愿意冲锋在一线，为生命救援‘加油’！”

疫情初期，武汉物资紧张，不要说活鱼，就连肉都很难买到。“为了给我们改善伙食，党员突击队员驾车 40 多千米，过了 5 个关卡，想方设法弄来了活鱼。为了让大家安心，蔡甸分公司党支部就设在我们站，支部书记晚上就半躺着睡在椅子上。”知音加油站除了李郑军及 3 名员工，公司每天派出 2 名党员组成的突击队及一名带班领导到加油站增援。加油站里的油品储备很充足，能确保 24 小时为救护车及应急救援车辆提供加油服务。新配的 2 台饮水机，让大家用热水时再也不用等待。“各级党组织都对我们加油站进行帮助，我们有信心坚决完成火神山医院的油品保供任务。”李郑军坚定地说。

一级防护、领导带班、党员突击队支援，让李郑军深深地感受到，他不是一个人在战斗，他身后有一个坚实的组织。

“那天晚上在加油站值班时，脑袋里突然像放电影一样，浮现出我最近接触的每一位火神山医院的建设者、现场执勤的武警官兵和警察以及火神山医院医护工作者的形象。每台转运病人的救护车前面都挂有一个大大的党徽，司机胸前也都佩戴着党徽，特别显眼。我不知道他们叫什么名字，但他们冲锋在疫情防控的一线，我觉得那代表着光荣和使命。”李郑军的心里渐渐萌生了向党组织靠拢的念头。“我很平凡，能为社会做一点贡献，给孩子做一个榜样，就是我的初衷。”李郑军说。那天晚上，他提起笔，一气呵成，写了一封入党申请书。

2 月 4 日，他郑重地向党组织递上了入党申请书。“我是一名普通的基层员工，在疫情防控、油品保供这个没有硝烟的战场上，我愿意冲锋在一线，为生命救援‘加油’!”李郑军写道。

为生命救援“加油”

3 月 7 日上午，经组织严格考察和战“疫”特殊考验，李郑军面对党旗庄严宣誓，火线入党，光荣地成为一名中国共产党预备党员。

不久前，知音加油站改造，李郑军独自留守加油站，忙着开具防疫证明、作业票，监督现场施工，施工 28 天来零违章、无事故，提前 4 天完成改造任务。“没想到你现在这么能干!”站点验收当天，片区经理拍着李郑军的肩说。“我都入党了，就该以党员的标准要求自己。”李郑军腼腆地笑着。

“危难时刻为我的城市拼过命，我觉得很光荣”

回想起当时，随着火神山医院接诊的日子越来越近，加油站3名员工的心理压力越来越大。员工董进荣担心地说：“站长，我害怕，一是大量病人马上就要安置在我们旁边，二来我们村里的路都封了，外面也实行了交通管制，我来加油站上班太不方便了。”

“别担心，我会接送你们，每天都跟大家在一起。”李郑军说。“另外，大家每天都要测量至少两次体温，报告家里人的情况，加油站会定时消毒。为火神山医院临时指挥部提供服务，我们自己也一定要做好防护。”

“转送病人的救护车越来越多，说一点不怕，那是假话。但看到救护车上的医护人员在争分夺秒地拯救老百姓的生命，我必须坚守岗位，为车辆加油，这是我的职责。”李郑军说。

“来加油的救护车几乎全是转运确诊病人的，救护车司机的表情都特别凝重。为了防止感染，我们和救护车上的医护人员一样，都穿防护服，戴口罩、护目镜和手套。为了减少穿脱防护服的次数，大家都尽量少喝水，就怕穿脱防护服的几分钟内有救护车来加油。”董进荣说。

自1月23日起，李郑军就住在加油站里，没有回过家。他的妻子万云霞是一名人民警察，从腊月二十九就开始奋战在疫情防控一线。每晚，两人只能通过视频聊几句，报个平安。互道一声问候，就是对彼此最大的鼓舞和支持。

3月1日，万云霞轮换岗位，到一线督察，路过知音加油站，顺便来探望李郑军，这是时隔38天来两人的第一次见面。为避免交叉感染，也为了站内员工的安全，夫妻两人始终保持着1米的安全距离。旁边的同事提议：“照张相吧，留个纪念。”虽然二人已经是老夫老妻，但要在同事面前秀恩爱，李郑军还是十分羞涩。隔着厚厚的护目镜，他只是远远地看着妻子的双眼。最终，留下了一张“隔空相望”的珍贵照片。

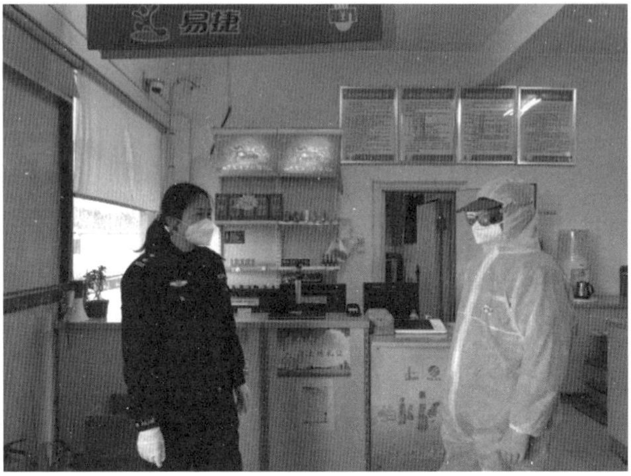

李郑军和妻子万云霞相会在抗疫第一线

李郑军的父亲是一位老石油人，已经75岁，但他从大年三十开始就承担起了家里的大小事。老人说：“郑军，不用担心我，尽心把加油站管理好。疫情这么严重，石化人都得贡献一份力量。”

“最近只要我回家，我的儿子都会从楼上跑下来看我一眼。他什么都不说，但我知道他在关心我，我觉得儿子长大了。”李郑军欣慰地笑道。

作为土生土长的武汉人，李郑军回忆起武汉封城76天的战“疫”经历依然很激动：“危难时刻，为我的城市拼过命，我觉得很光荣。”

“每一个人平凡的付出，都能汇聚成不平凡的国家力量”

2020年6月23日一早，李郑军开始起床洗漱。他将作为第六届“感动石化”人物登台领奖。“既激动又紧张，一晚上翻来覆去睡不着，就早起看看北京的日出。”李郑军说。

在颁奖的后台，李郑军忍不住拨通了父亲的电话。“郑军啊，不要紧张，回来以后继续好好工作。”听到父亲这么说，李郑军觉得自己终于成为父亲口中的“合格石油人”。

“和他们比起来，我真的没做过什么大事。作为一名基层员工，我只是做好本职工作，带领员工在疫情期间坚守岗位。我们没有给中国石化丢脸，也没有给武汉人丢脸。”在颁奖台上面对主持人的提问时，李郑军依旧谦逊。

李郑军获奖后，湖北石油代表团的员工们深感自豪：“特殊时期，湖北石油为武汉抗疫做了该做的事情。这次颁奖是对李郑军的肯定，也是对我们这些‘为湖北拼过命的人’的肯定。”

“离开了 3 天，我放心不下。站内油品和非油品销量翻了一番，怕员工忙不过来。”第二天一早，李郑军就赶回了知音加油站，陪着当年新发展的党员们重温了入党誓词。回想当时火线入党的情形，李郑军依旧心潮澎湃。以后，他打算尽自己所能，搞好“传帮带”，力争将站里的年轻员工也发展成党员。

疫情过后，知音加油站成了“网红”，中国石化湖北石油公司也将它打造为抗疫教育基地。李郑军明显感觉到站内员工的精气神变了。每当有人问起当时的情形，员工们总是自豪地当起义务讲解员，他们下定决心，一定要将伟大的抗疫精神发扬传承下去。

2020 年 9 月 8 日上午，全国抗击新冠肺炎疫情表彰大会在北京人民大会堂隆重举行。中共中央总书记、国家主席、中央军委主席习近平发表了重要讲话。听了习近平总书记的讲话，李郑军说：“参加全国抗击新冠肺炎疫情表彰大会，我的心情无比激动，感到无比光荣。抗击新冠肺炎疫情期间，集团公司领导亲切关怀，省市公司领导多次到知音加油站慰问，省市公司党员突击队赶来援助，和我们一起坚守岗位、为生命救援加油。我只是干了一名加油站站长该做的事，党和国家却给了我这么高的荣誉。聆听习近平总书记的讲话后，我更加明白：当祖国和人民面临危难时，每一个人平凡的付出，都能汇聚成不平凡的国家力量。”

（由中国石化湖北石油党委宣传部提供相关资料）

『雪线金刚』

其美多吉

其美多吉，男，藏族，1963年9月出生，现任中国邮政集团有限公司四川省甘孜分公司长途邮车驾驶员、驾押组组长。

☆2019年2月18日,获得“感动中国2018年度人物”称号

☆2019年1月25日，被中共中央宣传部授予“时代楷模”称号；同年，荣获第七届全国道德模范之“全国敬业奉献模范”以及“最美奋斗者”“全国民族团结进步模范”和“全国劳动模范”光荣称号

来自格萨尔王故乡的藏族汉子

四川省甘孜藏族自治州德格县，是藏族史诗英雄格萨尔王的故乡。"多吉"在藏语里是"金刚"的意思，象征着强壮的体魄和坚毅的人格。很多人都说，身高1.85米的其美多吉，身体里继承了这位藏民族英雄史诗主角的基因。

格萨尔王坐像

18岁那年，其美多吉梦想开着汽车，像雄鹰一样翱翔在草原上。于是，他买了一本名为《汽车修理与构造》的书，慢慢琢磨着学会了修车，后来又通过努力学会了开车。

有一年夏天，其美多吉开车带着乡亲去甘孜，行至雀儿山，遇见一个外地人的车爆胎，车横在路上，好多车也堵在了山上。为了尽快恢复通行，其美多吉把自己的备胎送给了那个陌生人，帮他换上，还喊来村里的小伙子，一起把那辆车推过结冰的陡坡。

1989年，德格县邮电局招聘驾驶员，其美多吉车开得好，又会修车，在德格相当有名气。最关键的是，他的人品有口皆碑，最终，他幸运地被选中了。

其美多吉说：“开邮车是我从小的梦想，这是我喜欢的工作。”

德格县只有一辆邮车，从此，在德格人眼里，这辆邮车和其美多吉便成为一体，哪怕冰天雪地，邮车在哪里，其美多吉就在哪里。他驾驶邮车在平均海拔 3500 米的高原运送邮件，30 年来平均每年行驶约 5 万千米，行驶总里程达 140 多万千米，相当于绕地球赤道 35 圈。他驾驶的邮车从未发生一次责任事故，圆满完成了每一次邮运任务。

雪线邮路

四川康定至德格 604 千米的邮路被交通部（现交通运输部）命名为“其美多吉雪线邮路”，其美多吉也被广大牧民群众亲切地称作“雪线邮路的幸福使者”。随着时代的发展，德格县的邮车也增加了几辆。

“只要有邮件，邮车就得走；只要有人在，邮件就会抵达”

忠于职守、忘我奉献，其美多吉秉承螺丝钉精神，将自己牢牢钉在川藏线上。

邮路的挑战有很多，塌方、泥石流、冰雪时时侵扰着川藏北线。2020 年 7 月的一天，德格县遭遇暴雨，不少路段水淹严重，车辆只能在半幅路面上通行，而且雀儿山下有一长段路看不清路面。因有运往西藏的邮包，其美多吉和同事们权衡再三，认为邮车底盘高，可以通过。于是，其美多吉领头，靠着山崖驾驶邮车，摸索着冲过水淹路面。但令他们没有想到的是，前行不久之后，又遇到一大段已经垮塌了半幅的路面，这让他们进退两难。其美多吉认真观察后告诉队友，尽量走靠山的那一边，不能偏离方向。3 辆邮车涉险过去后，路面随即塌陷。其美多吉现在都后怕："如果我们通行的时候路就垮塌，就太危险了。"

雪崩的危险随时存在

雪崩时，雪会突然从山上冲下来，几十吨重的车子也会瞬间被推下悬崖。有一年 2 月的一天，其美多吉和同事在雀儿山上遭遇雪崩。虽然道班就在距离他们 1 千米远的地方，但为了保护邮车和邮件的安全，他们死守邮车，用水桶和铁铲一点一点铲雪。这 1 千米，他们走了两天两夜。

在人烟稀少的川藏线上，邮递员不仅要面对高寒、灾害性天气等危险，还要做好应对突发事件的准备。有一次，其美多吉驾驶邮车途经国道 318 线天全县境内，在一个陡坡处，车刚刚减速，路边突然跳出一群歹徒，挥舞砍刀，拿着铁棍、电棍，将邮车团团围住。为保护邮件和财产，其美多吉没有犹豫，下车直面歹徒："要打就打我！不准砸邮车！"那一天，他身中 17 刀，肋骨被打断 4 根，头盖骨被掀掉 1 块，左脚左手静脉被砍断。经过抢救，生命垂危的其美多吉奇迹般挺了过来。

医生建议其美多吉不要继续开车，而且告诉他：以后即使换一份较为轻松的工作，也要有人陪护。但是，他凭借顽强的意志和坚定的信念，在一年多以后康复，再次回到了心爱的工作岗位。

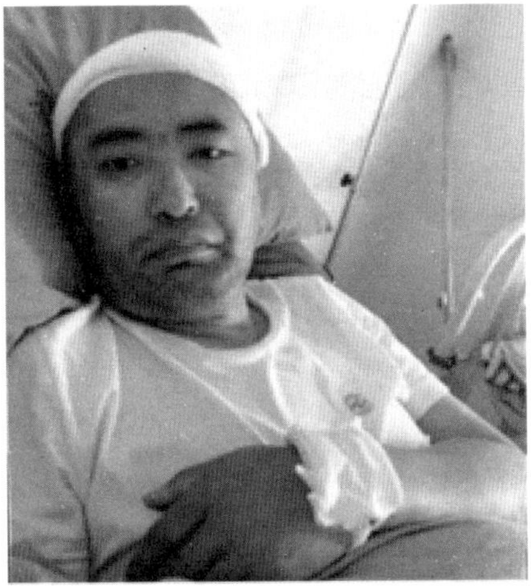

与伤病做顽强斗争

现在，其美多吉有一块头骨是合金的，低温的时候，如果头顶受了风，感觉就像冰水直接淋到了头上。他每一次出车，都需要忍受巨大的痛楚。

最大的困难除了艰苦，还有孤独。“冬天，这里的山上都是雪。仅有的能活动的东西，除了天上的老鹰，就是路上的邮车。”其美多吉说。他最怕过年出车，因为那时饭馆都不营业了，连口热饭都吃不上。作为漫漫白雪路上的“独行侠”，想着其他人和家人吃团圆饭的温暖场景，孤寂感油然而生。

再险、再难，也无所畏惧。“只要有邮件，邮车就得走；只要有人在，邮件就会抵达”，抱着这样的信念，其美多吉每个月都要开着邮车翻越雀儿山 20 多次。雀儿山就跟他自家的院子一样，山上哪里有落石，哪里会有泥石流，哪里有暗冰，哪段路上的积雪有多厚，什么天气会有什么路况，他都了如指掌。

拼搏不等于蛮干，安全永远是第一位的。其美多吉有一条经验：邮车检

对雀儿山的路况，其美多吉了如指掌

查频率高，在路上受的罪就少。所以，每次出班，他做的第一件事就是检查车辆。

在雪线上，其美多吉和他的同事们驾驶的邮车就是过往司机们心目中的航标。每次遇到险情，都是邮车率先通过——邮车能通过，就意味着安全。

“别人有困难，我们一定要帮，不要把邮路的优良传统丢掉了”

老站长生龙降措说的这句话，其美多吉一直记着。在路上遇到有困难的人，他总是义无反顾地提供帮助。他的邮车里常年带着氧气罐、红景天、肌苷口服液，在风雪阻路、进退两难的危难关头，他带的物资挽救过上百位陌生人的生命。

其美多吉常说，自己没有什么特别，在雪线邮路上，像他这样坚守的人还有很多。为了藏区百姓的便利，为了将党和政府的声音传递到藏区的每一个角落，许许多多的“其美多吉”义无反顾地坚守了一代又一代。

曾经，有跑运输的朋友劝他：“多吉，不要开邮车了，跟我们一起赚大钱。”但是，这些邀请都被其美多吉拒绝了。“因为在我的邮车上，装的

无尽的川藏路

是孩子们的高考录取通知书，装的是党报、党刊和新政策，装的是亲人们的温暖和关爱。”

雀儿山隧道未通车前，在海拔6168米的雀儿山上，其美多吉经常给第五道班的工人莫尚伟、黎兴玉夫妇送去新鲜的蔬菜。他们说，在这荒凉的生命禁区，邮车送来的报纸和家书是精神世界里唯一的安慰。在过去20多年里，他们托其美多吉送出去的家书和工资，没有丢失过一次。

雪线邮路上的30年，其美多吉见证着祖国对藏区的巨大扶持，看到了家乡日新月异的巨变。2017年9月26日，雀儿山隧道正式通车。其美多吉开着邮车，第一个通过了雀儿山隧道。过去需要过老虎嘴、鬼门关等危险重重的两个多小时的路程，现在只要12分钟就可以通过。

从前，邮车总是运进来的东西多，运出去的东西少。近年来，随着电子商务的发展，送到高原上的包裹越来越多。“我看到老百姓拆包裹的样子，心里就高兴。”其美多吉说。德格印经院的精美藏经、南派藏医的藏药、高原上的土特产，很多都是通过邮车运递出去的。在党和国家坚决打赢脱贫攻坚战的关键阶段，其美多吉和他的同事们一直耕耘在藏区高原的“最后一公里”，默默守护着藏区人民。

30年来，其美多吉没有在运邮途中吃过一顿正餐，几乎没在家里吃过

邮车肩负着人民群众的期盼

年夜饭。他驾驶技术好、路况熟，川藏线上无人不知。很多人劝他换个更轻松、更挣钱的工作，他却说：“每一个邮件、包裹都饱含着父母对儿女的牵挂、儿女对父母的孝心，如果不及时送达，感觉对不起那一份份心意。我就喜欢开邮车！”其美多吉没有豪言壮语，但每一句都掷地有声。

对其美多吉来说，对工作的爱是发自内心的。工作以外，他也越是艰难，越是站在第一线。庚子之春，武汉发生新冠肺炎疫情时，他又义无反顾地冲了上去。

2020年春节，其美多吉受邀参加中央广播电视总台春节联欢晚会。等他赶回四川，已经是正月初一下午。在电视上，其美多吉看到了自己的同事们已经前往武汉支援，抢送各类抗疫物资。他坐立不安：“我作为邮政系统的先进人物，应该有担当和责任，我必须去一线！”

于是，他通过电话请战，之后又向四川省邮政公司写了书面申请。四川省邮政公司考虑到其美多吉年龄较大、受过伤等原因，未同意他的请求。但是，其美多吉多次请战，他言辞恳切：“我是血肉之躯，我的同事也是血肉之躯，我不能看着同事去，而自己躲在一边。”四川省邮政公司领导最终同意他去武汉送物资。

其美多吉说：“我是一个地道的康巴汉子，懂得感恩。每当老百姓看

奋斗在支援武汉抗疫的第一线

到邮车和我，就知道党和国家时时刻刻关心着这里。我们每一颗螺丝钉都在为藏区安定团结作贡献。我热爱我的工作！”

参考资料

·《履职尽责的典范 邮件安全的“航标”——记第七届全国道德模范、中国邮政集团四川甘孜分公司邮车驾驶员其美多吉》（《光明日报》，2020 年 9 月 3 日。记者：李晓东、周洪双）

·《其美多吉的邮车，是雀儿山的新高度》（《中国青年报》，2019 年 11 月 11 日。记者：蒋肖斌）

兴村富民的领军人

邢仲山

邢仲山，男，汉族，1949年出生，现任北京市通州区梨园镇大稿村党总支书记、北京市京洲企业集团董事长、北京市人大常委会委员。

☆1989年和1995年，两次获得“全国劳动模范”称号

☆获评“北京市劳动模范”“首都精神文明建设者”

☆获评“全国兴村富民百家领军人物”

☆“全国优秀乡镇企业家终身成就奖”获得者

“为了全村人的共同富裕，我邢仲山这100多斤就豁出去了”

大稿村位于北京市通州区，在改革开放之初有农户413户、人口1400多人，耕地1760亩，是出了名的穷村。1982年，该村日工分值仅一角八分钱。

邢仲山过去在县城当木匠，后来又在本村当木工组组长。由于经常往外跑，他思路广，熟人多，受到很多用人单位的欢迎，给他开出的条件很诱人。1982年，即将上任的党支部书记也找到邢仲山，要求和他搭伙，主抓工副业。邢仲山的爱人是一名知青，早就通过招工回城了，两个孩子全是非农业户口。他出去当木匠，每月稳拿几百元工资不说，还有机会转正，从此跳出农门。要是留在村里收拾这个烂摊子，那就要受“洋”罪了。正在他心里翻上翻下的时候，乡党委书记找到他说：“仲山，留在大稿村挑大梁吧！有志气的青年就应当带领群众改变家乡面貌。”话不多，却像一记重锤敲在他的心上。那些天，他吃不香，睡不着，心想：儿不嫌母丑，生我养我的是大稿村，眼下父老乡亲正盼着自己带领他们共同致富，怎能扔下他们去奔“高枝”？经过深思熟虑，他向党支部表了决心：“胆小不要当将军，要吃虎肉照头打。为了全村人的共同富裕，我邢仲山这100多斤就豁出去了。”于是，自那以后，邢仲山就忙活了起来。

1986年，邢仲山与一名村主要领导发生了矛盾，思想上出现了波动。北京某公司听到消息后马上派人来到他家，请他到某特区当他们分公司的经理，月工资700元，而且很快就可以转成国家干部。邢仲山自己打听了一下，去那边住的是高级房间，吃的是山珍美味，出国、去香港也容易，当时他心里直犯痒痒。可他又一想：自己走了，大稿村的集体事业怎么办？丢下集体，只图个人利益，还算什么共产党员？这时，乡党委书记和几位老党员找到他说：“仲山，你不能走，你还得带领大伙儿往前奔！”于是，他留了下来。

邢仲山非常重视群众意见

邢仲山砍出的“三斧子”

决心下了，带领群众共同致富从哪儿着手？邢仲山想，根本的出路在于改革。只有靠改革，才能搅动一潭死水；只有靠改革，才能杀出一条新路。他搞改革的招儿主要是“三斧子”。

第一“斧子”是改革村里的农业生产体制。1983 年，全国正搞大包干，周围一些村也在动。面对这阵势，大稿村怎么办？他和支部一班人分析了大稿村的情况：一年多来，支部带领群众拼死拼活地干，已挣下一些产业，农用机械大大小小已有 10 多台（件），固定资产也有 20 来万，将来努把力实现机械化完全有可能。可要是把地一分，农业“三化”就吹了。就在各地纷纷搞大包干时，大稿村却按兵没动。1984 年，他们进一步取消了 6 个生产队，成立了农工商总公司，邢仲山出任总经理。他们建立了联合农场，下设大田、农机、畜牧、园田 4 个专业队。农场与总公司签订合同，内部层层实行经济包干和独立核算。这一“斧子”果然砍出了农业的活力。这几年，大稿村不仅粮食年年丰收，而且还建立了拥有 5000 只鸡的养鸡场、拥有上千头猪的养猪场、30 亩鱼池、57 亩菜地，还养了 300 只羊。在农业生产中，从种、收到储，全部实现了机械化，每年农业纯收入 100 多万元。人均耕地只有 1.2 亩的大稿村，年年向国家贡献粮食 100

多万斤。

第二“斧子”是改革用人制度，变干部终身制为优胜劣汰，注重干部的思想素质和业务素质，逐步起用了一批干事业的人。这一下把干部队伍搅动活了，人人有了紧迫感。人们都说，大稿村的干部干工作，没有“拉乏套”（偷懒）的。

第三“斧子”是调整产业结构，大力发展工副业。大稿村临近通县（现通州区）县城，人多地少，有许多人在外边工作，村里农业机械化程度高，解放出了许多劳动力，也窝着不少能人，具有发展工副业的条件。邢仲山上任后，与支部一班人一起制定了“稳定发展农业，大力发展工业，工农相互促进，逐步实现工农一体化、城乡一体化”的发展战略。这些年，他们无论遇到多大困难，都咬紧牙关，年年向工业投资几百万元，年年都上新项目，使全村企业很快增到 23 个，总收入达 5000 多万元，占村集体总收入的 95%。工业发展起来后，他们不忘农业这个基础，7 年内共向农业投资 200 多万元，使农业与工副业同步发展。

干大事、创大业不但要运筹帷幄，而且要身先士卒。这些年，邢仲山经常是 6 点以前起床，晚上不到 12 点不睡觉，忙急了还常常连轴转。逢年过节，家家团聚，他却利用这个机会抓紧安排下年的工作，慰问村干部、军烈属和协作户。多年来，他很少休息。1988 年麦收前，几件急事连在了一起，他连续熬了三天三夜，一量血压：80/165 毫米汞柱。医生吓了一跳，叫他马上卧床输液。但在这时，工业生产正处在关键时刻，农业已到二夏，他哪躺得住？第二天，他照常早早起来，围着各个厂转了一圈，回到家就一下晕倒了。同事们劝他悠着点，但他想：我是党员，为了群众共同致富，就得拼命干。

“只有学好知识和本领，搞现代化建设才能得心应手”

这几年，邢仲山在学知识上没少下功夫，他订了《人民日报》等 9 种报刊，有工夫就看，挤时间就学。几年来，他先后读过《毛泽东著作选读》《政治经济学》等 20 多种政治理论书籍，读过《工业企业管理》

《领导科学概论》等十几种专业书籍，读过领袖传记，看过松下、三菱公司发展史和福特汽车公司管理法等几十种图书。除了向书本学习外，他还向一切内行的人学习。1990 年，他获得了经济师职称。通过学习，他掌握了共同致富的十八般武艺。持续学习使他对企业产、供、销、管理样样在行。

学习提高了他的判断力。1988 年，北京某科技单位研制出一种新书架，以 2000 元技术转让费寻找合作厂家。他利用自己学到的专业知识一算，认为划得来，当即拍板利用现有设备生产了 1000 台，两个月净赚 10 多万元。

1990 年初，他又把在报刊上看到的“内部银行”机制引进了企业。过去，厂子使用村工业总公司的钱不付利息，厂长们占用资金不着急。1990 年初，他宣布：今后哪个厂占用工业总公司的钱，每月付息一厘五。这招一出，果然吹糠见米，立见成效。科学仪器厂生产电子设备机房地板，从工业总公司借款 2 万元，过去库存几百平方米才送次货。现在改为每出 30 平方米就送一次，资金周转由 100 天减为 60 天。

大稿国际艺术区与北京环球影城相呼应，其产业布局具有新时代象征意义

前几年，位于通州区的北京城市副中心建设启动以来，北京环球影城项目落地在村南边，为大稿村提供了千载难逢的机遇。邢仲山认为，要把自己的想法“揉进去”，提出“楼宇经济”新目标：自己建酒店，建办公大厦，让村民享受可持续发展的红利。

更重要的是，通过学习，他耳濡目染、潜移默化，人才意识、信息意识、时间观念、科学决策观念等全都不知不觉地融入他的脑子里，在带领群众共同创业过程中不断地发挥着作用。

“共产党的干部，就是得这么当！”

有一段时间，社会上不断刮起“超前分配”的歪风，但邢仲山深知“经济社会要发展，就要增加积累”的道理。大稿村经济连年翻番，而社员分配的增长幅度却始终控制在6%～10%，集体日子越过越瓷实。大稿村人发展集体经济，心里就更有底了。

邢仲山常常想，要把集体这台戏唱起来，除了要有领导才能外，还要有清正廉洁的作风。只有这样，群众才会信服你，才会和你抱成堆儿，团成个儿，一起往集体致富的大道上奔。因此，从当干部的那一天起，他就下定决心：多干工作，少拿报酬，决不蹚浑水、走暗道。

邢仲山总是能感知和抓住历史给他的机遇

他给自己定下了章法，叫作“不是自己身上的肉，决不往自己身上贴”。一次，兄弟村的一名经理送到他家300元钱，说是慰劳他的辛苦费。他死推活推没推出去，第二天就找到会计，把300元钱充公下了账。一年秋天，河北省有个大队拉来一拖车白薯，说是感谢村干部过去对他们的支持。他和干部们商量后如数付款，才把白薯收下。

在荣誉和奖励面前，他首先想到的是集体和群众，而很少想到自己。1987年，乡里奖励他一台大彩电，他连家门也没进，直接把电视搬到了村会议室。1989年，他被评为全国劳动模范，获得的1000元奖金，他一分为二送给了村小学和幼儿园。

邢仲山严格要求自己，也严格要求亲属：“凡是我的亲人、熟人，只能吃亏在前，决不许打着我的招牌瞎来！”他强调：“共产党的干部，就是得这么当！”

（由北京市通州区梨园镇大稿村支部委员会提供相关资料）

脱贫攻坚『领头雁』

付志洪

付志洪，男，汉族，1977年4月出生，四川省洪雅县中山镇前锋村党支部书记，一位“双脚沾满泥土，心中装着百姓”的好干部。

☆全国第九届、第十届“创业之星”

☆2018年1月，荣获人力资源和社会保障部、农业部(现农业农村部)联合授予的“全国农业劳动模范”称号

☆2021年2月，被党中央、国务院授予“全国脱贫攻坚先进个人”称号

“我生长在农村，知道贫困群众对过上幸福日子的渴望”

1992 年 9 月，15 岁的付志洪遭遇了人生中最大的挫折：年仅 41 岁的父亲因病去世，原本困难的家庭更是雪上加霜。自此，付志洪便挑起了家庭的重担，辍学并走上了外出打工之路。6 年间，好学上进的他从“零技术”的杂工到“多面手”的泥工，后又成了“专家级”的涂料工。1998 年，怀揣着家里借来的 200 元钱，付志洪只身来到雅安市石棉县，靠着踏实、勤奋和专业能力，在建筑行业赚得人生中的第一桶金。

2004 年，中山镇党委、政府决定以发展茶产业改变贫穷现状，带动村民致富，开始寻找资金投入。曾副书记找到了本乡在外的成功人士付志洪，他建筑搞得好，对家乡有深厚的感情，想邀请他回来帮助家乡搞建设、谋发展。

那时候，洪雅县前锋村村民以种植传统粮食作物为主，鲜有几户人家种茶。全村人均年纯收入不到 4000 元。尽管多年来在外漂泊，付志洪却一直密切关注着家乡的变化，想着有朝一日能为家乡做点什么。政府的邀请触发了付志洪“回报家乡”的情怀。“我生长在农村，知道贫困群众对过上幸福日子的渴望。”短暂的考虑后，付志洪决定回村。

前锋村的生态环境适宜种茶，但在付志洪看来，市场上茶产业过剩，同质化严重。前锋村只有走出一条属于自己的种茶之路才能发展。“第一步就是要找准定位，找到适合前锋村种植的茶叶品种。”为此，付志洪牵头成立四川雅雨露茶叶有限公司后，就前往浙江丽水、福建厦门等地考察和论证。最后，他决定将“种植有机茶”作为前锋村发展的核心项目。

有了路，发展产业就没了后顾之忧。付志洪挑选了 5 个品种，在前锋村一块废旧的空地上种了半亩。随着茶树萌芽、开花，浓浓的茶香弥漫开来，不少村民找到付志洪，表示愿意流转土地，加入种茶队伍。

2005 年，返乡创业的付志洪如愿加入中国共产党。宣誓的时候，他暗下决心，一定要做一个有社会责任的企业家，用心回馈家乡父老。之后的几年，付志洪自掏腰包上百万元为村民加宽通村道路 3 千米、新建毛坯路

1.2 千米、新建前锋大桥……群众看在眼里，也记在心里。

2010 年，被初步选定的黄家山基地通过了土地检测，结果证明这个基地符合有机茶种植标准。但是，一个非常棘手的问题摆在了付志洪面前：这一片山地不仅坡度大，而且全是残次林，他必须先开山辟地，这一弄就是整整 3 年。开高山、建茶园，村民们想都不敢想的事，付志洪实现了。根据茶园基地的海拔高度、气候温差等特点，付志洪购买了适宜种植的品种川茶茶果 30 万斤，又用了 3 年时间，才将占地 3000 多亩的基地全部种植到位。

2013 年，付志洪高票当选前锋村党支部书记。他迅速转变角色，着力抓班子、带队伍，不断增强基层堡垒的组织力和战斗力。前锋村茶产业初现规模，“雅雨露”茶业已从 10 名工人的加工作坊发展成年产值 2000 万元的当地知名龙头企业，全村茶加工作坊上百个，已形成“家家都种茶、户户会制茶”，企业带动群众致富的发展格局。

自 2018 年开始，基地终于实现了初步投产。次年，全村茶叶种植面积达 6500 亩，人均可支配收入从 2013 年的 10338 元增长到 30432 元。怀揣着初心与梦想，肩担着使命和责任，付志洪带领前锋村走上了民富村强的康庄大道。

“我们的茶叶是通过了中国、美国、日本和欧盟有机认证的，不怕没销路”

洪雅县中山镇有着天然的森林屏障，森林覆盖面积达 99%，加之土壤里饱含足量的硒元素，在这里种植出来的茶叶生长周期缓慢，各种内含物都显著高于平坝茶。

摊晾了一晚的鲜茶经过水分散发和青草味释放，叶子变得更软，更便于杀青。通过高温破坏生物活性酶，防止茶叶氧化，形成绿茶、绿叶、绿汤本质，然后再经过揉捻，破坏茶叶细胞壁，让其内含物渗出，使茶叶味浓更耐泡。最后烘干，固定绿茶的品质，再进行高温烘烤，干茶提香，可以食用的茶叶产品就加工制作完成了。

有了致富路上的领头人，村民心里踏实得很

2015 年，付志洪创新村企联动，提出建设“中国（前锋）有机茶第一村”项目，流转荒坡土地，规模化种植优质茶叶 2300 亩，并规划建设“七区一中心”，着力发展现代农业。同年，付志洪带着该项目到北京参加全国“大众创业、万众创新”活动周，现场向李克强总理做了汇报，受到李克强总理的称赞。2016 年，前锋村被评为全国“一村一品”示范村，以此带动全村大面积茶园向绿色、有机转换，实现了这一支柱产业的提质增效。

“动物粪便是很好的有机肥原料。”2017 年，他带领村“两委”班子提出前锋村“111 工程”（即饲养 1 万头生猪、种植 1 万亩茶叶、实现纯收入达 1 亿元）发展目标，目前已建成种养循环标准化现代养猪场 1 个，年

以有机茶叶为原料并经深加工而成的茶酥饼

保底将出栏生猪4万头，为地方生猪保供和“菜篮子”工程作出了突出贡献。

正是凭借自己倾力打造的“高山出好茶”项目，付志洪种植的有机茶还分别通过了中国、美国、日本和欧盟的有机认证，销路有了充分的保证。

贫困户产业发展找到了“硬靠山”

付志洪和村“两委”决心通过“龙头+”，让全村的贫困户富起来！为此，付志洪砍出了“三板斧”。

一是“宏图茶业专业合作社+抱团发展”。推行“党支部+合作社+贫困户”的模式。优先流转贫困群众土地、吸纳贫困户务工，带动贫困户发展，组织前锋村、金花村107户贫困户加入宏图茶业专业合作社，抱团建设扶贫茶叶基地。贫困群众用产业奖补资金入社，共享合作社收益，为贫困户产业发展找到了“硬靠山”。这个经验在全县得到推广，洪雅县成功实施抱团发展项目37个，受益贫困户达3103户。

二是“雅雨露茶业+资产收益扶贫”。依托雅雨露茶业，实施50万元资产收益项目，扩大茶叶加工销售能力，为全镇50户无劳动力户提供稳定的财产性收益，同时新增就业岗位20个，优先提供给贫困群众。

三是“凤凰顶养猪专业合作社+易地搬迁后续帮扶”。2020年，投资4500万元，建设能繁母猪规模化养殖场。作为易地扶贫搬迁后续帮扶项目，该养殖场将吸纳资产量化资金382万元，为全县3个镇的101户易地扶贫搬迁户提供稳定的财产性收入，带动全县易地扶贫搬迁户发展生猪养殖。

自整村脱贫后，如何巩固提升精准脱贫成果成了付志洪关注的重点。2018年，他带领党支部组织动员52名村民（其中贫困群众2名），共筹资99万元，成立乡缘农民专业合作社和农帮农机专业合作社，盘活闲置农房，发展乡村旅游，围绕茶产业发展，提供农业社会化服务。2019年，付志洪成功争取到省级扶持集体经济项目，使项目落地前锋村，在市、县委组织部的指导下，党支部将100万元集体经济项目资金入股到农帮农机专业合作社，利用流转土地发展优质茶叶种植、提供有偿农业社会化服务。

村集体经济每年保底分红5万元，3年投产后收益的40%作为村集体经济经营资金。2020年，在镇党委的引导下，付志洪成功对接成都的一家设计公司，该公司以管理技术和150万资金入股，与乡怡乐乡村旅游专业合作社合作发展乡村旅游，壮大集体经济，这使前锋村集体经济收益在2020年突破10万元。前锋村党支部逐组召开“坝坝会”，统一全村村民，尤其是贫困户的思想，开阔发展思维，推动落实全村整体规划。

前锋村的有机茶品质优良

近年来，在付志洪的带领下，依托创办企业、建设园区，积极争取交通、天然气等各类政策支持，新建、改造升级道路10余千米，完成全村自来水安装全覆盖，改造山坪塘15个，建成茶叶文化广场和村级活动场所，全村基础设施和公共服务不断完善。按照“治污、整乱、添美”分步实施，大力开展人居环境整治，完成整村“厕所革命”，建成人工湿地21个，生活垃圾处理全面实现“户集、村收、镇运、县处理”的处理模式。村里每年开展道德榜样评选，历年来共评选“孝儿孝媳”“好公婆”“好人好事”20余户。以村规民约方式规定红白喜事收礼不超过200元/人，杜绝因婚返贫，涵养文明新风，助力乡村振兴。截至2021年，前锋村已获得“省级文明村”“省级四好村”和“市级乡村振兴示范村”等多项荣誉。

（由付志洪本人提供相关资料）

『春风化雨润心田』的第一书记

张巍婷

张巍婷，女，汉族，1979年6月生，中级政工师，研究生学历。现任国家信访局督查室督查一处三级调研员。

☆2020年11月，荣获“全国先进工作者”称号

“卖香油的不知香油香”

2018 年 5 月，张巍婷受组织委派，到国家级贫困村河北省海兴县张常丰村任第一书记。她最初还抱有一丝浪漫和天真：张常丰村的东边就是大海，“面朝大海、春暖花开”应该不是扶贫路上的奢望吧？

一个月过去，张巍婷却感到了失落和困惑。实际上，当时的村子比她预想的还要差——全村 438 户，却有 125 户为建档立卡贫困户，是全县贫困发生率最高的村。“我们村是北方最普通的一个村子，没有任何特色，村集体经济几乎为零。大部分男人出去打零工，成群的妇女除了做饭，就是到学校接送孩子。面朝大海的那边是清一色的盐碱地，只长野草，不长庄稼。村民靠天吃饭，小麦亩产也就是 300 多斤。有什么办法能带领大家脱贫致富呢？”

一天，村民刘树海叫张巍婷到他家吃饭。一进门，嫂子正要把热气腾腾的馒头端上桌。张巍婷一尝，这馒头挺特别，很劲道、有嚼劲，而且还特别香。这一下打开了张巍婷的扶贫思路。她查阅了一些资料，还咨询了专家，得知当地的小麦叫“大红王”，学名“冀麦 32”，是一种适合盐碱地生长的老品种。

晚上，张巍婷召集了村“两委”班子和村民代表，开了个主题为“如何发展盐碱旱地小麦及面食深加工产业”的讨论会。

她问：“咱们村的小麦，真的不打农药吗？”

村民都说：不打药，冬小麦嘛，冬天也没啥虫子，再说亩产就 300 多斤，也懒得打药。

张巍婷眼睛亮了：“那咱们就从面入手发展产业吧！”

听了张巍婷想出的主意，大家七嘴八舌地讨论着。齐志亭担心地说：“我们的‘大红王’虽然很劲道，但是产量特别低。”刘淑芳说：“我们的地不能浇水，一浇就泛盐碱，那可什么也长不了。”刘鹏翔反问张巍婷：“谁家不种麦子啊？现在全国哪儿没有面？咱们卖给谁啊？”

张巍婷第一次深刻地意识到，要想改变贫穷的面貌，一定要先改变观念。她很有信心地说："卖香油的不知香油香！我这个北京来的，反而觉得咱们的面特别有前途。"

王金明夫妇是村里的普通农户，在村口刚开始经营熟食生意。一次家访时，张巍婷发现他之前在工艺美术厂做过制版工作，就鼓励他们做有艺术气息的面食面花。于是，王金明尝试着以天然果蔬汁为色彩，制作了"愤怒的小鸟""小猪佩奇"等各色果蔬面花。张巍婷从自己做起，自掏腰包花钱铺货，积极对接电商，逐渐帮助面花打开了销路。2018 年 12 月，张常丰电商中心正式成立，村里传统的民间艺术品通过互联网提升了知名度，初步打开了市场。2019 年春节前，面花的销售量很大，以致出现了供不应求的情况，王金明夫妇两个月就卖出了 1 万多元。张巍婷趁热打铁，帮他办理了人生中的第一笔创业贷款 10 万元，继续扩大规模。

面花成就了张常丰村

同样得到了张巍婷帮助的，还有一位"面条哥"齐福田。有一天，他推开张巍婷的门，手里拿着一个崭新的证件："书记，小作坊证，尾号是个 8，发呀！我和老婆说，领回证来，头一个要告诉张书记。没有书记的帮助，（办理证件）连想也不敢想。这下我们的面条就能够走出海兴了。"

事实胜于雄辩！在先进村民的示范下，村里相继开发了以面粉、面条、面花“三面红旗”和牛肉酱、辣椒酱、芝麻酱、黑豆酱“四缸酱”为主体的系列特色产品，张常丰村的村民们陆续走上了致富的创业路。

“村‘两委’干部带头，每人先捐一件老农具”

入村后，张巍婷发现村集体经济薄弱，张巍婷用自己的工资组织村里26名党员干部到“全国文明村”塔元庄村、西柏坡等地“取经”。通过对标学习，村党员干部的认识提升了，村里的基层党建和文化建设也逐渐上了轨道。村“两委”班子积极争取镇党委支持，终于把村里废弃的小学改建成了宽敞明亮的“张常丰文体中心”。住在文体中心西边的刘玉岭说：“现在看着修建好的广场，心里就豁亮！以前每到夏天，这里的杂草就有一人多高，蚊蝇横飞，那种景象就别提了。张书记，你可为俺们办了一件大实事啊！”

张巍婷觉得，这个文体中心拥有6间房屋和一个面积为400余平方米的广场，是村文化事业和扶贫产业发展的良好载体，是张常丰村的“众创空间”。考虑之后，她决定筹建村史馆，让村民及他们的子孙从可触可感的过去的生产生活实物中，去还原祖辈们真实的生活场景，了解他们曾经的艰辛，听老农具“讲”那过去的故事。刚开始征集老农具的时候，并不那么顺利。有人说：“我们做好农产品展示厅就好了，建村史馆要费不少钱呢！”又有人说：“老农具都扔了，哪还有啊？”张巍婷说：“村史馆可以记载我们村发展的历史，只有记得住过去，才能更好地展望未来。”过了一会儿，才有人说：“我觉得是这个理儿，这个事值得做。就是老农具不好找了，不行就得拿钱去买。”张巍婷说：“我们村‘两委’干部带头捐，每人先捐一件老农具。”事情就这样定下来了。

半个多月过去了，村史馆的场地也腾出来了，老农具却一件也没有。张巍婷非常着急，这样下去，村史馆还能不能建起来？直到一天下午，村支部副书记骑着电动三轮车，把亲戚家的一部老古董织布机送了过来，村史馆终于迎来了它的第一位“家庭成员”。再加上村里大喇叭持续不断地广播，在村“两委”干部、党员的带动下，村民们把纺车、马灯、风粭子、耙，甚至陪嫁的高级柳条箱子，等等，几乎全都拿来了。40多件老农具，近乎还原了上百年来、方圆几百里的生产生活场景。虽然这些老物件弥足珍贵，但村民们都没有要钱。他们说：“建村史馆是造福子孙后代的大事，不能什么都要钱，让后人们笑话咱。”这之后不久，村史馆迎来了镇馆之宝——小独轮车。这辆小独轮车曾参加过著名的淮海战役，立下过赫赫战功；后来，村民们为响应毛主席“一定要根治海河”的伟大号召，又推着它加入水利大会战之中。睹物思人、饮水思源，“最后的一碗米，留来做军粮；最后的一尺布，用它做军装；最后的老棉袄，铺在了那担架上；最后的亲骨肉，送他上战场”。这首抗战歌曲仿佛就回荡在村史馆里，村民们更加理解了没有共产党就没有今天幸福生活的朴素道理。81岁的老乡贤齐占亭在人群中说：“我可以为老物件登记造册，还可以当义务讲解员。”村民担心他年龄大了，怕他累着。可老人家却握着张书记的手说：“孩子，建村史馆是俺多年的夙愿，是你帮俺在有生之年实现了，就是累点也高兴啊!”

2019年，时值祖国70周年华诞，全国正在热映国庆献礼影片《我和我的祖国》。张巍婷和村“两委”商议组织一次观影活动。由于县里的电影院还在建设中，村民就坐车到盐山县凤凰影院去观看。电影开始了，村民们的情绪也随着影片情节时而激昂，时而专注，不少人的眼角里眨着泪光，甚至泪流满面。电影结束后，大家自觉起立，唱起歌曲《我和我的祖国》，使观影成为一堂生动的党课，这也是一次难得的文化大餐和精神洗礼。

村民马玉娟激动地说：“咱们国家从1949年开国大典旗杆上面用的钢球都要从老百姓手里征集材料合成，到后来的第一枚核武器试验成功，可以说只有你想不到、没有祖国办不到的事。我以后教育子女，不要只满足于衣食无忧，还要有更大的理想和抱负。”

张巍婷很感慨，如果每个人都去追小梦，大梦就实现了。我们要当好

张巍婷在张常丰村综治中心留影

构筑“中国梦”的一颗颗螺丝钉，努力做好手头的每一份工作。要让更多的老乡们感受到祖国的发展和强大，做新时代的新农民，与祖国一起拼搏奋斗，为脱贫攻坚、乡村振兴作出贡献！

“那个一言不发的小姑娘，终于开口说话了”

一天上午，张巍婷和盐务局驻村工作队的信德旺大哥一起到建档立卡贫困户王相会家走访。王家的情况比较特殊，除了王相会的小孙女芳芳外，其余的家庭成员智力都有点问题。儿子放羊，几只羊都数不过来，儿媳妇只知道蹲在墙根晒太阳。张巍婷很可怜芳芳这个 13 岁的女孩子。通过后续走访发现，王相会的院子里养了 3 条狗，每当有人路过就会狂吠不止。这也许是王相会保护家庭唯一的方式，但这样的保护使这个家庭更加“与世隔绝”。

每次走访，芳芳都特别沉默，她的眼神里总是充满了自卑和胆怯。张巍婷通过班主任了解到，从小学一年级到六年级，芳芳居然从来没有说过一句话，无论你怎么和她交流，她都一言不发。第一次见她时，张巍婷发现她的脖子脏得像裹着一个小黑脖套，就给她买了洗澡票，教她做一个干干净净的小姑娘；第二次见她时，张巍婷给她送了一些橡皮泥，芳芳捏了好多造型，那一次她笑了，张巍婷感到了她的开心；第三次时，张巍婷给她买了一条围巾，围上去时，发现她真是个漂亮的女孩儿。那天是大年三十，张巍婷在芳芳家包饺子，芳芳擀的饺子皮儿可好了。春节过后的一天，当张巍婷从芳芳家离开的时候，听见孩子在身后说了一声“谢谢”。虽然芳芳只说出了一个词，张巍婷的眼泪还是禁不住流了下来。

此后的芳芳虽然还是没有整句地说过话，但是能够感受到她和张巍婷很亲近。张巍婷把北京一位大姐托她带给芳芳的200元钱交给王相会，让他给芳芳买些学习和生活用品。张巍婷借这个机会教芳芳读课文，录了一段小视频发给那位大姐，让她见到了芳芳的进步！当芳芳把最后一小段文章完整地读出来的时候，大家都激动地鼓起掌来，王相会也高兴地咧着嘴一直在笑。这时，芳芳忽然哭了起来：这个孩子压抑得太久了，这是她人生中第一次完整地说话，完整地出声读课文，怎么能不激动呢？

激动的不仅仅是芳芳，还有这些在场的大人们。大家一起暗下决心，一定要一如既往地帮助她，还要帮助那些与她一样需要关爱的村民——脱贫致富的路上，决不能让一个人掉队！

致富路上一个也不能少，团结群众、凝心聚力是根本保证

通过芳芳的事，也使得村民们觉得他们的张书记真的是一心一意为村民着想的好党员、好干部。从此以后，大家的心贴得更紧了，村集体的凝

聚力和战斗力也更强了。

“海上生明月，红米寄江城”

2020年初，江城武汉因为新冠肺炎疫情而被封锁，这让张巍婷和张常丰村村民们非常焦急。他们决定，一定要支援武汉抗疫，用实际行动为武汉人民提供力所能及的支持。经过动员，一大批爱心农产品聚集了起来。张巍婷为了给张常丰村爱心农产品驰援武汉做准备，一夜没睡踏实，清晨五点半就匆匆起来了。她和村干部一起将准备好的面食产品小心地装车、扎牢。她忙得甚至来不及吃口热饭，满头的热汗已驱走了寒意。她与村民齐立顺、马宇娟一起，经过3个多小时的车程，把为武汉捐赠的500斤面条、300个果蔬面花送到北京西站——在那里，北京天泽艺术基金会的工作人员正等着他们。这些物资被装上火车发往武汉，最终分配给武汉儿童医院。这之前的几天，大家积极做好防护措施，在作坊加班加点制作食物。大家伙认为，不但要把自己的心意传达到武汉，还要力求做出自己的最高水平。每一个环节，他们细心又细心：和面、发面、制样、配色……每一个参与的村民的内心中都是激动的。虽然他们也处在封村抗疫的状态中，生产生活受到了很大的影响，但还是有村民提出：“我们依靠党的政策做起了产业，在疫情这么严重、武汉这么艰难的情况下，我们也要为武汉做点什么，要不然内心不安呀！”齐昌亭一边和面一边说：“在全国抗疫的战争中，我们也是参战的一员。党和国家给我们好政策，派干部驻村，带我们致富，咱脱贫不能忘党恩。”精心制作的面花包装箱外，都贴着书法家唐曼清写的“海上生明月，红米寄江城”，意思是说：这份礼物是从海边上的海兴县来的，明月是团圆和平安的象征，村民们把团圆、平安和用“大红王”小麦面粉做的食品一块儿都寄到江城武汉，希望武汉人民能早日战胜疫情，平安幸福。

2020年的除夕，和前两年一样，张巍婷是在村里过的。针对村里有湖北人员和众多打工回乡人员节后需要返程的情况，她募集款项2万多元，个人捐款3150元，用于购买口罩等防疫物资，确保无一人感染。

“换了脑子”，更要“打开路子”

自2018年5月驻村工作以来，张巍婷已经在张常丰村待了3年多。为了帮助村民“脱真贫、真脱贫”，她在带领村民致富的同时，更加注重拓展产品销路，增强村民的商品意识和质量意识。她常说，自己是张常丰村的第一书记，更是第一推销员、第一客服。

她邀请设计团队为张常丰村的农产品设计了精美的包装，还委托有关公司为几十名村民提供培训，指导他们进行网上直播销售。在短视频火热的当下，张常丰村还开通了“好人好面张常丰”抖音号，成立了村电商中心，初步形成了近20种产品的电商产品矩阵。

此外，张巍婷还带领张常丰村民入驻淘宝网、邮乐网、融E购、人民优选等平台，不少产品被列入国务院扶贫办等单位采购目录。在中国工商银行的支持下，张常丰村举办了“中国工商银行融e购扶贫年货节——张常丰专场消费扶贫活动”，开启了央企和部委联合消费扶贫的新模式。

2019年4月24日，张常丰村受邀参加中央广播电视总台的《开门大吉》节目，张巍婷带着村民在全国人民面前介绍了张常丰村的各种产品。在节目录制现场，很多观众关注了张常丰村的微信公众号，现场下单。更让张巍婷感到激动的是，央视主持人尼格买提与她合了一张影，还要为他们的扶贫农产品作公益代言。那时，张巍婷突然感悟到：只要为村民幸福去努力奋斗，就是一种无以言表的幸福。

此外，张巍婷还组织编制了村《产业发展规划》，引导全部贫困农户加入村合作社，规范麦田管理。通过积极争取，她帮村里获得了350万元的农产品加工专项扶贫资金。如今，村容村貌干净整洁的张常丰村有百亩桃林、生态养殖、光伏产业、绿色无公害农产品，建成了石磨面粉厂、面花面条厂、杂粮厂、辣椒酱作坊，采取“合作社+公司”运营模式，还正在建设一家现代化的面食体验园。更重要的是，富起来的村民们精神抖擞，干劲十足。跟以前觉得日子没奔头相比，现在的他们最关心的是自己有没有成长，村子有没有进步。

央视主持人尼格买提为“张常丰”农副产品作公益代言

说起他们的第一书记，村民们都说：“一看她就是干事的人，我愿意支持她的工作。”“北京来的博士书记太敬业了，我们愿意跟着她干！”

张巍婷说：“我愿意是一粒种子，到了一个地方，就在那里生根开花，同那里的土地和人民真正结合起来。”

参考资料

·《张常丰村第一书记扶贫日记》（全国扶贫宣传教育中心，2020 年 10 月 13 日。作者：张巍婷）

愿做一颗石榴籽

艾尔肯·买买提

艾尔肯·买买提，男，维吾尔族，1978年4月出生。新疆华电喀什热电有限责任公司副总工程师兼发电运行部主任，喀什市墩艾日克村“访惠聚”工作队队长。

☆2010年，荣获新疆华电喀什热电有限责任公司“民族团结先进个人”称号

☆2016年，荣获新疆维吾尔自治区“劳动模范”称号

☆2018年12月25日，被国务院国资委授予“央企楷模”称号

“对我来说，‘师傅’这个称谓意味着关爱与付出”

1998 年 7 月，毕业于新疆电力学校热动专业的艾尔肯·买买提被分配到疆南电力公司巴楚燃气电厂。跟与自己一同工作的同事相比，艾尔肯只是中专学历，普通话也不是很好，学习起来，接受能力跟其他人相比要弱一些。想起临行前父母一再嘱咐自己“要好好学技术，认真干好工作”，艾尔肯暗暗下定了“笨鸟要先飞”的决心。

“这个巴郎子（维吾尔语，意为‘孩子’‘小伙子’）眼里有活，一点也不怕脏、不怕累。”虽然刚开始在语言上有困难，可是艾尔肯执着的学习精神深深打动了保运师傅和同事们，大家都愿意为这位好学的维吾尔族小伙子讲解问题，传授操作要领。

在艾尔肯和同事们的共同努力下，巴楚燃气电厂顺利投产发电。撤回之际，一直负责带他的保运师傅拍着艾尔肯的肩膀说：“好巴郎，我走了之后你也不用担心，你的技术水平现在已经超过我们厂很多员工了。我带出来的徒弟没问题!”

保运师傅的肯定，让艾尔肯觉得自己行。

2000 年，新疆华电喀什热电有限责任公司（下称喀什热电公司）开工建设。此时，巴楚燃气电厂因天然气量不足决定关停，艾尔肯和其他员工一起，被分流到正在新建的喀什热电公司。虽然都是发电设备，但燃煤机组相对于燃气机组，设备、系统要复杂得多。虽然日常交流沟通不存在障碍，但要将很多火力发电的专业术语、原理等用普通话准确表达出来、用汉字书写出来，对从小上维吾尔学校、写维吾尔语的艾尔肯来说不是件容易的事。看到艾尔肯想问的问不出来、想表达的不知道该如何表达那样一副着急的样子，师傅郑万新就鼓励他多交流，并利用工休的时间教他发音、学习普通话。在中秋、春节等传统节日里，郑师傅就邀请艾尔肯一起过节，感受传统文化。

喀什热电公司是一个由多民族员工组成的大家庭，少数民族员工约占总人数的 32%。

为了提高员工技能，喀什热电公司一贯倡导“师傅带徒弟”，在各族员工间开展的“一帮一结对子学技能、每天互学一句话”互助活动应运而生。多年来，师徒“传帮带”已经成为公司的传统和文化。

说起师傅兰恒沛，艾尔肯至今记忆犹新。那是 2001 年 11 月的一天，当时 1 号机组正在调试阶段，突然，报警信号发出了“厂用电中断”的信号。师傅兰恒沛带着艾尔肯立即到零米层检查 6kV 设备。从事故出现到查找到事故原因并最终解决问题，师傅只用了短短 5 分钟的时间，在处理事故的过程中，师傅始终冷静从容，这点给艾尔肯留下了深刻的印象。当时已是班长的艾尔肯深刻地感受到，作为班组负责人，不但要有过硬的专业技术，更重要的是面对事故时要临危不乱，能够冷静判断和处理。师傅的言传身教潜移默化地促成了艾尔肯在日后处理事故时具有超出年龄的稳重和冷静特质。

兰师傅是一名老党员，在他的带动和影响下，艾尔肯递交了入党申请书，积极向党组织靠拢。“一日为师，终身为父。师傅不仅是我的职场带路人，还教会了我做人、做事、坚守初心。”

如今已经是副总工程师的艾尔肯常常感慨：“我想像我的师傅那样，把从师傅那里学到的道理和本领传授给更多的人，用自己的知识成就别人的梦想。”后来，他就是用这样的态度对待自己的徒弟，带出了一批批业务骨干和团结敬业的道德模范。

师徒情，民族谊

“‘黑脸包公’带出的员工，个个都是好样的”

从2008年10月走上发电运行部副主任岗位的第一天起，艾尔肯每天上班的第一件事就是换上工作服、拿起手电筒、戴上安全帽，到生产现场转一圈。发电机组一般会在早晨8点前并网，可是前期准备工作却要从凌晨开始。每当这时，艾尔肯都坚守在现场，精心组织，合理安排，为机组安全稳定运行值守把关。

艾尔肯根据在生产现场发现的问题，规范、完善了“交接班制度”“设备巡检制度”“小指标管理制度”等，将班组日常安全有关行为纳入“安康杯”安全指标综合竞赛内容。他每天现场督导运行人员开展有针对性的事故预想，组织“全能值班员”等培训和考试，进一步提高了运行人员的整体专业水平和业务能力。2011年，他的部门实现了集控管理模式，培养了28名全能值班员。

玉素普江·阿布都克热木是锅炉运行主值（当值工作的主要负责人），他曾经针对艾尔肯严抓运行现场管理的做法不理解，一度很抵触。

“有一次，我跑到艾尔肯主任办公室和他理论：8小时之外还要培训、考试，可是我们还有家，还有其他的事情。我只是一个技校生、一个值班员，你对我们要求那么高、那么严干啥？差不多就行了。”玉素普江回忆道。

“就是因为我们学历低，才更需要趁着还年轻的时候抓紧时间学习更多的专业技术，提高管理能力，年轻的时候多学点、多干点，今后才有更多的机会。”艾尔肯回答说。

当时的玉素普江年轻气盛：“反正我快熬不住了，大不了我回家做生意，卖干果去！”他咬着牙，气呼呼地撂下这句狠话，转身就走了。

过后，艾尔肯在处理这一矛盾的过程中不但没有为难他，反而通过不断地调解和谈心化解了冲突，提升了玉素普江的认知水平，改变了他的工作作风，让他感到受益匪浅。后来参加驻村工作时，玉素普江才发现：“我在公司里，工作能力并不突出。可是走出公司之后，对比起在村里一起工作的大专生、本科生、乡干部，发现我的工作能力并不输给他们。我们干的很多工作都被当成亮点和模板推广，大家提到华电员工都会竖起大拇指，我觉得特有面子。我真的感谢艾尔肯主任！”

“水珠投入海洋，生命就会无限”

2010 年，在新一轮援疆大幕开启之时，为缓解喀什地区和克孜勒苏柯尔克孜自治州电网用电紧张问题，改善当地电源结构，中国华电立项在喀什投资建设三期 2×350MW 热电联产机组。

各个专业都有分工，艾尔肯作为部门管理者，其实本不必什么事都亲自把关。可实际上，每一张系统图、每部规程，他都详细地审核过，提出了许多意见。他这样事必躬亲，是信不过别人吗？不是，是他清楚自己肩上的担子。因为他很清楚，从 50MW 机组到 350MW 机组的跨越，对运行人员是一个严峻的考验。机组移交生产后，要是运行人员接不住，会导致严重的后果。

“我没有特别高的目标，大部分时候是不得不做。但人总得有个面子，往办公室一坐，只是遥控指挥，那不是个事儿。”他自己这样说，“投资 30 多亿元的 350MW 机组，移交到我们手里之后，我们就得负责任。”

维吾尔族有句谚语：水珠投入海洋，生命就会无限。艾尔肯则说：“进步不能靠一个人，也不能止于一个人。”2016 年 3 月就任发电运行部主任、党支部书记的他，更加注重集体智慧迸发出的耀眼火花。

他带领部门员工积极参与质量控制（QC）和技术创新工作，开展岗位练兵、技能竞赛、导师带徒弟等活动，制定耗差管理、压红线管理等制度，促进员工学习新知识、掌握新技术、运用新方法，不断提升业务水平和创新能力。

为做好安全运行工作，他在综合指标竞赛中提高安全指标权重比例，完善安全预防体系，为喀什公司两年蝉联集团公司“本质安全企业”和集团公司“安全生产先进企业”奠定了坚实的基础。

他与同事一道成立“艾尔肯创新工作室”，围绕降低成本、节能减排、

艾尔肯带领这个团结友爱的集体不断创造新的奇迹，获得新的荣誉

技术革新、安全生产等主题，集中团队智慧，耗氨量连续两年下降，节约生产成本260万元。他还和同事们一起，充分利用高背压运行方式，加强运行精益化管理，通过降煤耗，节约成本2512万元。

“家之责、家之序、家之教、家之誉”

10月，火红的石榴挂满枝头。在喀什这片多民族聚居的地方，多籽抱团的石榴有一个特殊的含义——团结！

运行部汉族员工王东彪的妻子罹患孕妇脂肪肝，在生下双胞胎女儿后，由于病情突然急剧恶化，随时有生命危险。平时，这个家庭只靠王东彪一个人的工资养家，但为给妻子治病，王东彪已花光了家里所有积蓄。艾尔肯得知后，当即拿出500元钱，又在每个办公室、每个生产车间穿行，奔走相告，为这个汉族好朋友众筹。在他的努力和号召下，各族员工纷纷伸出援手，短短几天捐款就达11450元。当他拿着大家的这份心意出现在王东彪面前时，这个热血男儿眼中闪烁着泪光，不断地哽咽着说“谢谢”。

运行部主值瓦力斯突发心梗后被送往医院紧急抢救，艾尔肯第一时间赶往医院帮忙。得知瓦力斯的父母、亲戚都不在喀什，只有他妻子一人在医院、家里两边跑，还有两个孩子没人照顾的困难后，艾尔肯立即组织部门人员轮流排班陪床，解决了家属的后顾之忧。

在2017年的“古尔邦”节，运行部新进的6位内地大学生初到喀什。因为对当地稳定形势有所担心，他们处于“是去是留”的纠结中。作为部门主任的艾尔肯为了消除青年员工及其家属的不安情绪，盛情邀请他们：“明天过节，下班后大家一起来我家过节。”他和家人精心准备了特色拉面、烤肉，还教大家跳新疆舞，让远在异乡的新员工感受到了维吾尔族同胞的热情好客，感受到了家一般的温暖。后来，6个人没有一个离开，1人成长为主值，3人走上副值岗位。

艾尔肯将“家”文化理念融入管理当中，以“家之责、家之序、家之教、家之誉”四个文化内核为纽带，始终将民族团结视为“家”文化的重要核心，促进各民族员工共同进步。他在节假日组织“民族团结一家亲，老城徒步游”活动，帮助员工了解喀什风土人情；组织“手拉手互学语言”活动，提升少数民族同事的普通话水平，指导汉族同事用简单的维吾尔语进行交流，增强了团队凝聚力。

“一直都是你到我们家里来，今天是我们第一次到你们华电参观，亚克西！”艾尔肯在“访惠聚”驻村点、喀什市英吾斯坦乡敦艾日克村的“亲戚”古丽汗·木沙说。古丽汗·木沙夫妇俩都已经70多岁了，体弱多病，家中没有劳动力。艾尔肯每周都会看望他们一次，带一些米、面、油等生活必需品，还带着孩子一起去看望他们。老太太常说：“亲儿子也没有他对我们这样好。”

“你去单位看看吧，有我妈在这里照顾我和孩子”

忙碌工作之余，艾尔肯也有着一些遗憾：“我对家庭付出得太少了，儿子、女儿从小到大都是老人和妻子在管，也没怎么花更多的心思在孩子身上，我有着太多的抱歉和自责。”

艾尔肯的妻子是喀什市色满乡的宣传干部，平时工作也很忙，特别是这两年在色满乡三大队驻村以来，十天半个月才能轮休回家一天。对于艾尔肯“工作狂”的状态，妻子偶尔也会抱怨几句，但更多的是理解和支持。

2006年5月7日，艾尔肯的妻子预产期到了，他把妻子送到医院待产。当时，公司生产运行现场人手紧张，他就和妻子商量先不请假，正常上班，下班后到医院陪妻子。5月9日，艾尔肯的妻子接受剖宫产手术生下儿子后，他在病房里照顾了他们一天一夜。第二天上班时间快到时，看到他因为惦记工作而心神不定的样子，妻子对他说：“你去单位看看吧，要是有事你就先处理，有我妈在这里照顾我和孩子。”听到妻子这样说，艾尔肯心里特别感动。

由于工作的原因，艾尔肯陪伴孩子们的时间不长，但是他以潜移默化的方式告诉孩子自己所从事的发电工作的意义。孩子在写字台前写作业时，他也抱起专业类、管理类等相关图书开始学习。久而久之，儿女对他的埋怨少了，取而代之的是油然而生的敬佩之情。

（由华电新疆发电有限公司提供相关资料）

北斗梦 中国芯

周儒欣

周儒欣，男，汉族，1963年3月出生，中共党员，南开大学模式识别与智能控制专业工学硕士，北京大学EMBA（高级管理人员工商管理硕士）。中国卫星导航定位协会副会长，北京中关村高新技术企业协会理事，中关村上市公司协会理事，中关村科学城专家咨询委员会首届委员，北京北斗星通导航技术股份有限公司创始人、董事长。

☆北京市第十四届、第十五届人民代表大会代表

☆北京市优秀共产党员

☆2019—2020年度“首都精神文明建设奖”获得者

相信知识和文明的力量

在河北沧州一个普通的农村出生、成长的周儒欣，眼见最多并至今在脑海中挥之不去的画面是：昏黄的煤油灯下，母亲眼里毫无倦意，一针一线地为孩子们缝制衣裳。他体会得到母亲的辛苦，更想凭自己的双手创造出好的生活，让家人过上好日子。

凡是能够识文断字的农民，往往会有种朴素的认知：文化很重要，期望着孩子能跳出农门。周儒欣的父亲就是村里鲜有的读书读到了中学的“文化人”，他不曾对孩子们讲什么大道理，却常常向他们灌输这种观念：“看看人家县城里的小孩多干净、多文明。”这也成了周儒欣获得的最早关于“文明”和“文化”的教育。自此，他在心里种下了渴望求知的种子。

周儒欣从小就靠着出色的学习成绩在同学中树立了威望，当了班长。他头脑聪慧、灵活且要强，干农活、打乒乓球都要争个第一。在后来的高考中，周儒欣以全县第一名的成绩考入南开大学数学系——这既是他对补习老师的敬重，也是当时自身的兴趣方向。

周儒欣大学时的成绩仍然非常优秀，但他对纯理论研究却始终有一种隐隐的不满足——在他的观念中，“学以致用”是读书的终极目标。他慢慢开始思考，怎么样才能更大限度、更高效地创造社会价值。

大学期间，周儒欣的父亲还时常会写信过来，叮嘱儿子好好读书。在信的末尾，他也都会加上一句：“好好学习，将来努力工作，报效国家。不要忘记共产党，不要忘记邓小平。”

很快，周儒欣便有了一次“报效国家”的机会：本科毕业后，到研究载人航天的航天医学工程研究所工作。听说军队里什么都有，实诚的周儒欣只穿了一身衣服，拿了一床褥子，便奔赴了部队。

在部队期间，周儒欣仍会常常想起父亲的话，也自始至终没有忘记“知识的力量”。其间，他还如愿考上了南开大学计算机与系统科学系的研究生。这一次，他选择了“模式识别与智能控制”作为研究方向。

这样的学业知识背景，也让周儒欣在头脑中逐渐形成了一整套科研创新思路，具备了多种技术综合的知识体系。

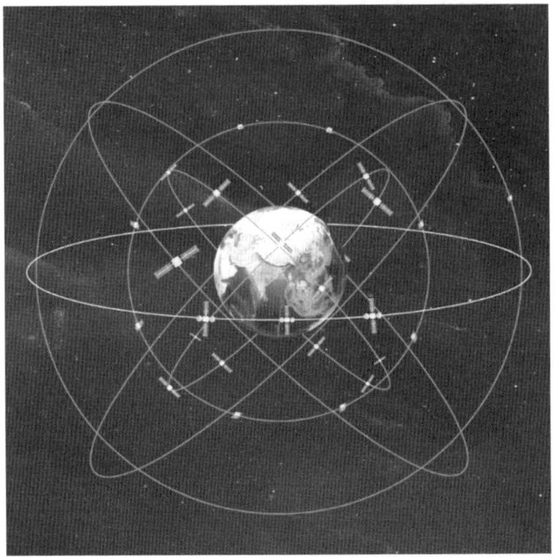

“做中国人自己的导航系统”既是周儒欣的梦，也是“中国梦”的一部分

四个“没想到”背后的故事

对自己在部队的领导和同事，周儒欣是由衷地钦佩和敬重。但在个人选择上，周儒欣还是果决选择了“追随自己的梦想和追求”。1994 年从商，1999 年转业，周儒欣纵有强烈不舍，却从没有遗憾。

2000 年，北斗星通公司成立，那时的中关村正是一片创业的沃土。公司创立之初，周儒欣与合作伙伴李建辉两个人一共凑了 60 万元，作为新公司的注册资本。与此同时，他还做了一份近 5 万字的商业计划书。在规划中，搭建一个完善的基于北斗的导航服务体系需要花费 2 年时间，前期一共需要投入 5000 万元。以 60 万元去搏 5000 万元的生意，与其说这是一份计划书，倒不如说是周儒欣的一份“梦想宣言”。

“我怎么也没想到，一家民营企业能拿到北斗卫星导航定位系统分理服务的首张牌照；更没想到，2007 年北斗星通就能在深交所上市，成为中国卫星导航产业的第一股；同样没想到，通过 10 多年的发展，我们在‘中国硅谷’中关村有了自己的北斗星通大厦，而且还那么漂亮；最后没想到的是，北斗会引起社会各界的高度重视，国家把它列入战略性新兴产业。”说起往事，周儒欣难掩激动的心情。

20 世纪 90 年代初，美国 GPS（全球定位系统）精准的定位在海湾战争中起到了非常重要的作用。当时，周儒欣就对以 GPS 为代表的卫星导航定位应用产生了浓厚的兴趣。事实上，从 1994 年开始，中国也在研发自己的卫星导航定位系统——北斗卫星导航定位系统。那一年，周儒欣牵头创办了一家从事卫星导航应用的军办企业并任总经理。说是总经理，其实一开始公司规模小、员工少，很多具体事务他都要亲力亲为。

20 世纪 90 年代初，周儒欣向用户展示
基于卫星导航的移动目标监控管理平台

转机发生在 1997 年初。当时，美国高通公司要在中国推广 OMINI TRACKS（运输车船跟踪业务），为此到处寻找中国代理商。为了经营好 OMINI TRACKS 业务，周儒欣组建了一个小团队。他还做了一个重要的决定：到美国去考察，看看美国从事卫星导航业务的企业是什么样的！

OMINI TRACKS 有着强劲的盈利能力，更为重要的是，我国当时正在建设的北斗系统同样具备这样的服务能力。这令整个考察团成员都十分激动。从美国考察回来后，周儒欣立即给上级领导写了一份报告，提出了要建立“北斗一号”应用推广中心的想法。

那个时候，参与“北斗一号”建设的单位基本上都是有国资背景的研究院所。而周儒欣 2000 年注册北斗星通的时候，只有区区 60 万元。

“问题的关键还不是资金，而是技术条件和政策都不具备。”“北斗一号”卫星导航定位系统那个时候还是一个封闭的系统。从政策上讲，这个系统当时也并未对民用领域开放。

2000 年，在设立北斗星通公司的同时，周儒欣向北斗主管部门领导汇报了“北斗一号”对民用开放和建立“北斗一号信息服务系统”的构想。经过不懈的努力，北斗星通从国家拿到了一笔经费，承担了“北斗一号信息服务系统”的项目。几年后的 2004 年，国家决定“北斗一号”正式对民用领域开放，北斗星通成为我国第一家获得北斗民用运营服务分理资质的企业。

有了项目，有了需求，有了资金，北斗星通陆续引进了一批优秀的人才，公司业务开始迅速发展，并在 2007 年成功上市。

2007 年 8 月，北斗星通（股票代码：002151）在深圳证券交易所挂牌上市，成为中国卫星导航定位行业首家上市公司

周儒欣感慨万千：在北斗星通成立初期，公司伴随着我国卫星导航事业，特别是“北斗一号”系统推广应用的发展进程，通过“产品＋系统应用＋运营服务”的经营模式，进行了艰苦卓绝的创业。如今，公司终于迈向新征程。

“卫星导航应用的核心就是芯片，我们下决心自己来做芯片”

2020 年 7 月 31 日，我国向全世界郑重宣告：“北斗三号”全球卫星导航系统全面建成，正式向全球开通服务！中国北斗导航系统开启了高质量服务全球、造福人类的崭新篇章。

“北斗系统的建成，相当于我国建立了一套时空战略体系。”周儒欣说，“比如通信系统授时、无人飞机导航定位、无人驾驶等都依赖卫星导航，对涉及国家战略安全的领域实现自主可控具有重大战略意义。”

从最初的商业计划书，到北斗系统组网建设完成，再到北斗在各领域的应用逐步落地，周儒欣以实际行动助力国家北斗产业的发展。在他看来，智能时代已经到来，卫星导航应用延展了想象力的边界。

“卫星导航应用的核心就是芯片，它相当于导航设备的大脑。每一台导航设备想要实现定位，都要依靠这个大脑来进行计算和处理。”周儒欣

2020 年 11 月，北斗星通发布全系统全频厘米级高精度 GNSS 芯片

坦言，“如果没有芯片，即使花几千亿元建设北斗系统，各类应用还是无法实现自主可控。所以，我们下决心自己来做芯片。”

谈及北斗星通的定位芯片，周儒欣脸上总会浮现出自豪的神情，“我们历时 10 多年，从 90nm、55nm，再到 40nm、28nm，如今已经研发出 22nm 的最新一代定位芯片，达到了世界一流水平。一系列自主北斗定位芯片的诞生，也打破了高精度测量、导航、授时等多个领域核心部件长期依赖进口的局面。目前，北斗星通研发的定位芯片已广泛应用于许多领域，包括车辆导航、无人机、智能驾驶、机器人、物联网等。”

“应用是北斗系统建设的出发点和落脚点”

在北斗星通海洋渔业监控中心，能够看到已经有 4 万多艘渔船入网，伴随的手机用户已经超过了 10 万。周儒欣解释称：“用户的家人，包括管理机关，都能够看到渔船确切的位置，同时渔船还可以发送短报文信息。”

此外，在 2008 年汶川大地震时，基于北斗的终端设备在抗震救灾中同样有着优异的表现。“灾区通信网络中断，上千台能接收北斗卫星信号的终端被紧急送往灾区，利用北斗卫星短报文的功能，灾区与外界才能得以联络。”周儒欣回忆称。

2020 年，新冠肺炎疫情突如其来。疫情期间，北斗星通的多项基于北斗卫星导航系统的技术与产品方案为全国疫情防控阻击战提供了技术保障。

“比如，在火神山医院和雷神山医院的建设中，就大量使用了我们所提供的卫星导航核心部件做测量测绘，最后才在那么短的时间里把医院盖了起来。”周儒欣举例，“此外，搭载北斗星通高精度定位配套方案的各类无人机也在祖国各地承担着消毒防疫、指挥监控等任务。”周儒欣直言：“应用是北斗系统建设的出发点和落脚点。”

“中国一定会缔造出世界领先的卫星导航企业”

实际上，在成立之初，北斗星通的“北斗”相关业务一直在投入，公司的利润主要来源于代理业务。但是，这种商业模式依赖性太强，只要国外公司更换代理商，公司就有可能断粮，所以，转型升级显得非常重要。

自北斗星通上市后，公司先后经历了转型升级阶段、规模化发展阶段。在此期间，北斗星通展开了一系列公司设立及并购举动。这些举动让公司的业务布局得到不断完善和增强，形成了全方位发展的立体格局。

20 余年的专业化发展，让北斗星通成为我国北斗应用产业的头部企业。如今，我们正在经历百年未有之大变局，国家对自主可控的高科技的需求前所未有。与此同时，随着我国“北斗三号”全球卫星导航系统的建成开通以及智能化时代的到来，周儒欣判断，中国卫星导航产业发展迎来了新的“黄金时期”，北斗星通进入了发展的“黄金新十年”。

对于未来，周儒欣充满信心：“中国一定会缔造出世界领先的卫星导航企业。”

坐落于北京市海淀区中关村永丰产业基地的北斗星通大厦

（由北京北斗星通导航技术股份有限公司提供相关资料）

可可西里：平凡而伟大的坚守

赵新录

赵新录，男，汉族，1975年4月出生，本科学历，三江源国家公园管理局长江源园区管委会可可西里管理处索南达杰保护站站长，被誉为“把青春留在可可西里，用生命守护生命”的光荣集体中的代表人物。

☆多次获得全国及青海省“野生动物保护专项行动先进个人”称号

☆荣立三等功1次

☆2020年，获评“全国先进工作者”

☆2020年，获中宣部、全国总工会授予的“最美职工”称号

索南达杰牺牲后的第三年，赵新录来到可可西里

青海省可可西里素有“野生动物王国”之称，在这片广阔的土地上，生活着藏羚羊、藏野驴和野牦牛等国家一级保护动物。藏羚羊身上长着优质的羊绒，在国际市场上贵比黄金。在利益的驱使下，20 世纪 80 年代，盗猎分子的枪声打破了可可西里的宁静。可可西里的藏羚羊数量一度从原来的 20 万只锐减到不足 2 万只，成为国际濒危物种。

正是从那时起，一群群热血男儿前仆后继，守护着可可西里这片土地。1994 年初冬，在押送歹徒行至太阳湖附近时，“环保卫士”索南达杰遭歹徒袭击。他为保护藏羚羊，在无人区与 18 名持枪偷猎者对峙，流尽了最后一滴血。索南达杰的死震惊了各界，中国政府于 1995 年批准成立“可可西里省级自然保护区”，并在 1997 年升级为“可可西里国家级自然保护区”。1999 年 9 月更名为“青海可可西里国家级自然保护区”。2016 年，青海省提出将力争于 5 年内建成中国三江源国家公园。

1997 年，也就是索南达杰牺牲后的第三年，21 岁的赵新录从部队复员，来到可可西里自然保护区。他主动申请加入巡山队员的行列。有“生命禁区”之称的可可西里是青藏高原腹地的野生动植物宝库，是世界上除南北极之外最大的一片无人区，高峻、寒冷、荒凉、辽阔是可可西里的基本特征。第一次巡山，赵新录就严重缺氧，不停流鼻血。“周围都是茫茫的戈壁，我每走一步都要大口喘气，之后不停流鼻血。因为没有合适的药，我们只能放缓前进的步伐，等身体情况有所好转再继续前行。”虽然第一次巡山时间不长，但是对于赵新录来说，那却是一条漫长且艰难的路。

“索南达杰同志是 1994 年牺牲的，他用生命守护可可西里生灵的行动，感动着当时所有热爱环保的人们。”这也成了赵新录开启保护生态环境和野生动物职业生涯的一个重要原因。

从天寒地冻、风雪弥漫的荒漠，到步步泥淖、处处河流的湿地，从担负保护生态环境、拯救濒危动物的责任，到卓乃湖畔藏羚羊保护现场的坚

守足迹，赵新录把20多年的青春留在了这片茫茫无人区。这个腼腆、不善表达的一线职工，用他吃苦耐劳、不惧危险的精神把大爱留在可可西里，成为这里的生命捍卫者。

“在可可西里，要说有点优雅艺术范儿的，在我们眼中就属它们了”

赵新录用手指划开手机，手机相册里几乎全是藏羚羊的照片。他给记者分享这些照片时，那种兴奋和喜悦洋溢在脸上，就像一个父亲拿着自己孩子的照片向别人分享快乐一样。的确，他们守护的这些藏羚羊已然成了他们的孩子。

“我的日常工作是和战友们救助受伤或失去母亲的藏羚羊羊羔，每年护送藏羚羊顺利通过青藏公路的迁徙通道，以及在藏羚羊产羔期进行巡山和打击盗猎、盗采犯罪活动。”赵新录用简单几句总结了他的工作内容，但听似简单的工作里，每一天都充满了别人想象不到的危险和困难。

每年从6月中旬开始，藏羚羊从三江源自然保护区汇聚成群后出发，前往可可西里腹地卓乃湖产崽，8月再带着新生的孩子返回三江源。就是这样的一次次迁徙，让赵新录和他的战友们忙得不可开交。“藏羚羊迁徙路线会穿越公路，这时，我们的人会从公路两侧拦阻过往汽车，向司乘人员说明藏羚羊即将通过公路，请他们稍停片刻，为藏羚羊让道。要是遇到急着赶路、不愿等待的司机，我们会向他们耐心解释。”赵新录说。

同时，他们的队员们也会组队进入到卓乃湖畔，一直守护着产羔的藏羚羊。当最后一只雌藏羚羊带着新生的小羊离开卓乃湖时，他们就护卫着羊群离开湖畔，这便是所谓的巡山。

“卓乃湖附近什么情况？”“小羊羔都安全吗？”“雨这么大，会不会有落单的羊羔？”……每年一到藏羚羊产羔季，赵新录都会忧心忡忡，因为夏季的可可西里多为沼泽、湿地，巡山队员进山的危险和难度非常大，但始终放心不下的赵新录会一次又一次尝试进山，确保藏羚羊的安全才放心。

在一次巡山任务中，寒冷的雨夹雪天气让卓乃湖附近的路变得泥泞难走，赵新录和巡护队员在恶劣的天气中将陷进泥里的汽车推了出来，又冷又饿地加紧往驻地走。在经过一个土滩时，他们发现了一只奄奄一息的小藏羚羊。赵新录二话不说跳下车，将自己的外衣脱下来，裹紧小羊，带回去进行救治。

"月份小一点的藏羚羊不会用奶嘴，我们巡护队员就用自己的嘴喂食。"从治疗、喂奶、帮助恢复到放生，被赵新录救助过的藏羚羊数不胜数，"奶爸"的工作也越做越顺手。有一次，正值藏羚羊产羔的季节，赵新录和队友去卓乃湖临时保护站值班。他俩先后救助了 7 只失去妈妈的小藏羚羊。小藏羚羊没有奶吃，赵新录和队友就把从格尔木带进卓乃湖的干粮给它们吃。驻站值班的伙食非常简单，每天就吃点挂面、方便面和饼子，原本食物足够他俩返回保护站，但多了 7 只嗷嗷待哺的小羊，食物很快就不够了。为了让小生命活下去，他俩决定将这些小藏羚羊送到救护站。

雨季的可可西里到处泥泞不堪，送 7 只小藏羚羊出山的路并不顺利。奔波了 8 个多小时后，车辆突然陷进一片烂泥地，赵新录和队友只好在大雨中饿着肚子挖泥。虽然又累又冷又饿，可他俩不觉得苦，但听到小羊凄惨的叫声却让他俩心里异常难受。他们连忙把仅剩的两小袋麦片放进暖瓶里，泡开了喂小羊。为让小羊尽快得到救护，他俩拼尽全力，在泥地里向前挪动，仅仅 10 千米的路程，却用了整整 2 天。最终，小羊们平安抵达救护站，而赵新录和队友却已经快 40 个小时没有吃任何东西了。

守护藏羚羊和野生动物需要爱，守护人的生命更需要无私的大爱。2012 年 10 月，2 名澳大利亚游客非法进入可可西里自然保护区后失踪，保护区管理局立即组织救援分队前往搜救。赵新录作为救援分队的一员，充分发挥他熟悉地形的优势，带领救援分队及时发现了失踪游客的踪迹。在上级公安机关的支援下，救援分队经过 4 天 4 夜的救援，终于成功将 2 名游客解救到安全区域。

“抓到最后一个人时，我的呼吸中都带着血腥味”

巡山的最终目的是保护好藏羚羊，可威胁藏羚羊的除了迁徙途中的意外和伤病之外，还有偷偷进入无人区盗猎的不法分子。“这些人真的坏了良心！那么可爱的藏羚羊，他们都能下得了手。”

赵新录和出生入死的战友们在一起

在赵新录的巡山生涯中，2003 年 6 月的那次让他的心灵受到极大震撼，也使他下定决心一定要守护好这些可爱的精灵。那个夏天，一伙盗猎分子进入可可西里，700 多只母羊遭到猎杀。虽然巡山队员将盗猎分子全部抓获，但在追缴的过程中，当赵新录和巡山队员们赶到盗猎分子为藏羚羊剥皮的地方时，发现血泊里躺着几百只藏羚羊，有的母藏羚羊已经怀孕、肚里的小羊已成型，却仍惨遭猎杀。那种场景让赵新录的心情久久难以平复。这些平时看起来粗犷的男人都难掩伤心，抱头痛哭起来。

面对巡山队的突袭，盗猎分子四散奔逃。赵新录紧盯一个目标，在海拔 5000 米的戈壁滩上上演了一场生死追逐。“抓到最后一个人时，不论是盗猎分子还是我，都因为缺氧而逐渐失去力气，我的呼吸中都带着血腥味。”再一次回想当时的场景，赵新录心有余悸，可是他却从未感到后悔。

三江源自然保护区刚成立时，巡山队员的武器装备十分有限。但是，每次出发的时候，队员们腰间的枪套都是鼓鼓的——其实，那只是塞满了石头的空枪套。遇到盗猎分子，队员就靠拍这个枪套来镇住对方，但这招也有不灵的时候。有一次，赵新录和队员们发现了一个 9 人的盗猎团伙，他们每人都有一把小口径步枪，但 5 名巡山队员却只有一把枪。面对这样的情况，空枪套不起作用了。在海拔 5000 多米的地方，因为缺氧，人的行动速度会变慢。赵新录和队友们决定采取突然袭击的办法，先将团伙头目迅速控制住，然后喝令其余的人缴械投降。等他们把枪缴过来一看，发现盗猎分子枪里的子弹都已经上了膛，如果稍有疏忽，后果不堪设想。

"一棵草在可可西里可能轻易被风沙淹没，一丛草就能在可可西里扎下根来"

荣誉加身的赵新录始终保持着谦逊和清醒，他常说："这些荣誉不是我一个人的，而属于在可可西里共同奋斗的每一个人。"在可可西里，除了与盗猎分子作斗争，更多的时候，赵新录和战友们还要经受高原极端恶劣气候环境的考验。

2000 年 7 月，正是藏羚羊产羔季，赵新录与 3 名战友在勒斜武担湖巡护藏羚羊产羔情况时，车辆陷入沙坑里。由于他们是单车巡护，车上也没有绞盘，赵新录决定留 2 人守车，2 人去寻求救援。赵新录和普措才仁去太阳湖大本营，背上枪，只带了方便面和矿泉水，天不亮就出发了。

高原上到处都是湖泊和河流，看着近在咫尺的雪山，却怎么也走不到。水没了，只能喝河水，他们一路上饥肠辘辘，一边要忍受高原强烈紫外线的炙烤，一边要蹚过冰凉刺骨的河流，2 人已筋疲力尽。夏季的可可西里，早晚温差特别大，白天艳阳高照，夜晚就有可能狂风大作、大雪纷飞。普措才仁实在走不动，一下子倒在地上，爬不起来了。他让赵新录先走，自己怎么也不肯走了。赵新录不停地鼓励他，拖着他一起走。除了天寒地冻，这里的狼、棕熊、野牦牛等野生动物也会随时出现。在这种情况下，不管谁离开，必定会有人遭遇不测。凌晨 4 点多，赵新录借着天空微亮的光再一次辨认方向。经过一天一夜的艰难前行，凌晨 5 点多，他们终于到达太阳湖大本营。无力说话的他们已近昏迷，直接睡倒了。

第二天吃饭时，他们发现腿肿得像水桶一样，起不来床，冻坏的双脚都磨出了血。但是，由于在勒斜武担湖还有其他的同志在等待救援，他们俩又在大家的搀扶下与救援队一起出发，前往救援。被困18天后，这支被困的队伍终于全部走出了可可西里。

一年中的8个月里，赵新录都在可可西里巡山或驻站。每次巡山，短则一星期，长则半个月，喝雪水、吃干粮、住帐篷，止疼药和感冒药更是工作时的必备品。赵新录说："夏季，车陷进泥潭是家常便饭，我们的鞋和衣服从来没有干净过。"

据赵新录工作日志的统计，赵新录和他的战友们在可可西里巡山达500多次，行程80余万千米。他在可可西里练就了不用GPS设备也能凭感觉知道自己在哪儿的本领。

现如今，三江源地区的生态保护和修复成效日益显现，环境质量持续提升，生态功能不断强化，水资源涵养能力提升，草地覆盖度提高。近10年来，可可西里再也没有听到盗猎者的枪声，藏羚羊等高原珍稀野生动物也有了一片宁静的生存净土，野生动植物种群数量持续增加，藏羚羊已恢复到7万多只。

2021年1月5日，赵新录和队友们圆满完成了新年第一次巡山任务，可可西里一切安好！这是一线生态保护者带给我们最珍贵的新年礼物。

（由中共青海省委宣传部提供相关资料）

我与党同龄　更与党同心

乔锦标·吴国厚

·乔锦标，男，1921年2月出生。百岁老人，1947年入党。

☆中国共产党“光荣在党50年”纪念章获得者

☆“庆祝中华人民共和国成立70周年”纪念章获得者

·吴国厚，男，1921年3月出生，1983年离休，老红军、老党员，百岁老人。

乔锦标：誓死不当亡国奴，四世同堂好家风

1921 年正月十一，祖籍汾西的乔锦标出生在距平遥古城 7 千米的西源祠村。幼年的乔锦标喜欢听民间艺人说书、看戏，听杨家将、岳飞的故事，过年时喜欢穿一件有着一个大口袋的布袍给长辈拜年。拜年之后，他的大口袋里会装满收获的花生、瓜子、核桃、枣、柿饼等，儿时的春节和梦境充满了香甜。乔锦标 9 岁那年，父母送他上了村里的小学。童年的乔锦标聪明好学，考试成绩优良，深得先生厚爱。1935 年，乔锦标考入离石第一高小，担任班长、学生会主席、儿童团团长等职务。1937 年，他又考入离石一中。

1937 年 7 月 7 日，日本帝国主义发动了“卢沟桥事变”；8 月 13 日，日寇大举进攻上海。这激起了全国人民的极大愤慨与爱国热情，“反对内战，誓死不当亡国奴”的呼声，从城市到乡村，响彻全国。乔锦标所在的学生会也决定组织学生到街上宣传抗日。虽然校方提出不能影响上课，但有不少教师站出来支持他们的行动，教音乐的刘老师更是积极支持，还教会了他们唱许多抗战歌曲。乔锦标以学生会主席的身份组织和传播爱国主义，他们每天组织学生去乡下宣传抗日，好多同学后来加入了中国共产党，参加了抗日游击队、八路军，有的成为党政军的骨干。乔锦标后来才得知，刘老师是一名共产党员。

1938 年，日军占领离石，乔锦标父亲遇害。父亲生前托人给乔锦标找了个店员的差事。有一天，高小的同学闫格弟突然出现在乔锦标所在的商店。原来，闫格弟早已参加革命，为晋绥军区某部从事采购供给工作。他们整整聊了一晚，从此，乔锦标走上了革命的道路。组织上交给他的任务是利用商店就在日本宪兵队对面的有利位置，随时了解、掌握日寇动向，并赴京津、太原为晋绥军区采购需要的奇缺物资。在敌人的眼皮底下工作，随时可能牺牲。有一次，乔锦标从太原买了药品和电池，刚运至离石大武镇，就被伪军发现并扣押。日本鬼子令其爪牙追查来源和货主，形势十分危急。几经周旋，乔锦标才得以幸存。1946 年，接受过反法西斯抗日

战争洗礼的乔锦标向党组织提出加入中国共产党的申请，经组织考察批准，成为一名中共预备党员。1947 年 7 月，乔锦标正式成为中国共产党党员。解放战争期间，乔锦标在太岳行署财政处工作，直到行署并入山西省人民政府为止。

1949 年 10 月 1 日，毛泽东主席在天安门城楼庄严地宣告中华人民共和国成立，正在财政部汇报工作的乔锦标幸运地参加了开国大典游行队伍。新中国成立后，乔锦标多次陪同山西省领导赴中央汇报财政预算决算工作。20 世纪 60 年代初，乔锦标应邀参加国庆节庆祝活动，登上观礼台，有幸同党和国家领导人一同观看了天安门前的庆祝游行活动，并得到了毛泽东、刘少奇、朱德、周恩来等党和国家领导人的亲切接见。20 世纪 60 年代末，乔锦标在中央学习班学习后，至 20 世纪 70 年代中期一直在大同工作。1983 年 5 月，老人在党组织的关怀下离职休养。

早在抗日战争时期，乔锦标老先生就参加了革命工作，为民族独立和国家建设作出了突出贡献。2019 年，乔锦标老人获得中共中央、国务院、中央军委颁发的“庆祝中华人民共和国成立 70 周年”纪念章。2021 年 3 月，又荣获中国共产党“光荣在党 50 年”纪念章，这是为了表彰为党和国家作出突出贡献的老党员，由党中央首次颁发的纪念章。老人十分珍惜这两枚纪念章，不仅爱护有加，还经常拿出来展示给后辈，分享自己的光荣和喜悦。

2021 年 2 月 22 日，农历辛丑年正月十一，是老党员、“世纪老人”乔锦标的百岁生日。那天，沉浸在春节欢庆之中的龙城，已是万物复苏、春风拂面。位于太原市迎泽区的乔老家中，明媚的阳光暖暖地从洁净的窗外洒进，有着 75 年党龄，参加过抗日战争、解放战争，刚刚过完寿诞的乔锦标老人安详地半躺在客厅的藤椅上。时光静静流淌，浓浓的喜庆和祝福在温暖的室内弥漫，电视墙中央挂着为老人祝福的“寿”字，旁边有四世同堂的照片，上书“祖父子孙逢盛世，四世同堂好家风”。电视里正播放着挚友亲朋因为疫情原因不便登门而通过视频发来的祝福，歌唱家阎维文先生也通过视频表达了对前辈的祝贺。老人青年时期和夫人的合影中，两人的眉宇间透着英气和干练。老人的儿女们侍奉在侧，轻声细语地与老人交流着。老人的孙辈、山西省海外联谊会常务理事、俄罗斯山西商会会长乔翔鹏响应就地过年的防疫号召，没能回来祝寿，在欧亚大陆的另一端给祖父送回思念和祝愿。

中国建设银行山西省分行离退休人员管理部部长张学明说："中国共产党即将迎来100年华诞之际，老一辈革命者、共产党员乔锦标同志喜迎松柏之寿，是国家昌盛之幸事，是乔老先生吉祥安康之幸福。"诗人任志波深情地说："乔老戎马一生，历经沧桑，不仅在年富力强时熠熠生辉，也在壮志暮年中流霞溢彩。祝福乔老福寿康宁。"乔锦标老人的孙辈乔翔鹏说："今年，站在'两个一百年'奋斗目标历史交汇点上，我们迎来了伟大的中国共产党成立以来的第一个百年纪念。能生活在这个时代，让包括海外侨胞在内的每个中国人感到自豪与幸福。"

乔锦标老人和他的孙辈乔翔鹏

以乔锦标老人为引领，这个红色大家庭不仅继承了前辈坚定的信仰，也在这一共同的信仰之下，紧紧凝聚起来，互敬互爱，成为远近闻名的进步之家、和谐之家。乔锦标的夫人今年也已87岁高龄，儿子儿媳数十年来悉心照顾两位老人，孝老爱亲，广受称赞。祖孙相继，乔翔鹏传承祖父情怀，承续晋商精神，重走中俄万里茶道，矢志促进山西民间对外交往，为山西及国内企业在俄罗斯发展投资提供支持与平台，增进两国两地间的经济贸易合作交流。他多年来致力于山西与俄罗斯圣彼得堡的文化交流与传播，成为两地交往的文化使者。每当乔翔鹏回国之际，乔锦标老人总是殷殷嘱托，一定要爱国爱家，牢记使命，传承家风。2016 年，山西省妇联在全省范围内评选出 103 户年度“三晋最美家庭”，太原市乔锦标家庭是其中之一。

夕照桑榆晚景好，时逢盛世老人安。在这幸福的时刻，乔锦标老人衷心祝愿党的事业蒸蒸日上，伟大祖国昌盛富强！

吴国厚：峥嵘岁月历久弥新，百年党史“活教材”

“西安事变”后，正在山西上中学的吴国厚考进了实际由中国共产党地下组织掌握的“国民兵军官教导团”，秘密开展抗日救亡活动。1937 年，16 岁的吴国厚加入了红军。而就在 1937 年 8 月，中国工农红军第一、第二、第四方面军及陕北红军等部改编为国民革命军第八路军，随后立即开赴华北抗日前线。山西正是华北敌后抗战的中心。

1939 年，吴国厚所在的连队指导员梁修昆找到他，要他谈谈对革命的看法，还跟他讲了许多党的纲领、宗旨和党员职责。吴国厚听得热血沸腾：“我愿意加入中国共产党，把革命进行到底！”1939 年 9 月，支部同意吴国厚加入中国共产党，他成为连里仅有的两名中共党员之一。

1949 年 3 月中旬，晋中区各县举行了一场场隆重的欢送会，2000 多名山西干部在当地政府、群众和亲属的敲锣打鼓声中分成几队南下。也就在这时，在晋中区党委秘书处工作的吴国厚一步一回头，与家中的亲人依依惜别。

吴国厚所在队伍在浦口渡江。在那里，他第一次看到长江，望着宽宽的江面和湍急的江水，他有点紧张。“北方人怕水，我当时坐在筏子上，紧张得双手拼命地抓住筏子边缘，一动也不敢动！”

当年 6 月 15 日，吴国厚所在队伍奉命乘“江汉号”轮船沿长江西进汉口，途中被敌机发现，成为空袭目标。幸运的是，经过 5 天 5 夜的航行，他们安全到达汉口时，跟踪轰炸“江汉号”的敌机才到达。在我军炮火的猛烈还击下，敌机匆忙丢下一颗炸弹后就逃之夭夭，惹得大伙儿风趣地说：“蒋委员长放炮欢迎我们哩!”

后来，吴国厚和战友们又花了整整两个月的时间从汉口步行至长沙，于1949年8月中旬抵达。自此，南下入湘的将士们历经近5个月的风餐露宿和长途跋涉，辗转7省，行程2000多千米，胜利完成了艰苦而光荣的南下行军任务。

到达长沙后，吴国厚历任长沙市税务局副局长、市公用事业局局长、市肉类联合加工厂厂长、市第二商业局局长、市财办副主任等职务，1983年12月离休。在此期间，吴老亲历了长沙和平解放、建设发展和改革开放等各个历史时期，为长沙的解放和发展作出了积极贡献。

百年岁月，吴国厚亲身经历并见证了党和国家苦难而辉煌的历程。他始终坚定地认为，在时间的雕镂和磨砺下，总有一种精神、一种力量、一种信仰，历经沧桑而初心不改，饱经风霜而本色依旧。他常动情地说：“作为一名与党同岁的党员，我的人生和党牢牢系在了一起。我现在虽然不能做实际工作，但党员身份永远不会忘，党员责任永远不会忘，这是刻在我骨子里的记忆，历久弥新。”

吴国厚老人为年轻一代讲述他亲身经历的党史故事

如今，作为长沙市唯一健在的百岁老红军，吴国厚依然精神矍铄、思维清晰。在中国共产党成立100周年之际，老人也迎来了自己的百岁诞辰。

“祝您生日快乐，福如东海、寿比南山……”2021年3月17日上午，离休老红军吴国厚的家中欢声笑语、其乐融融。长沙市委组织部、老干部局、市商务局及市老干部休养所领导和工作人员一起为吴老庆祝百岁寿诞，给吴老送上了鲜花、生日蛋糕及真挚的祝福。砂子塘街道、社区的党员干部和湖南大学博士理论宣讲团的成员也来到吴老家中，聆听吴老讲述党史故事，并为他庆祝百岁生日。走进吴国厚的家中，多枚荣誉勋章见证了他的峥嵘岁月。聆听了勋章背后的故事后，湖南大学博士宣讲团成员陈梦妮激动地说：“我作为一名年轻党员，有幸参与今天的活动，受益匪浅！吴老的精神也激励着我们坚定信仰、坚定前行！”

生日庆典上，吴国厚深情唱起《没有共产党就没有新中国》，并郑重许下心愿：“愿祖国繁荣昌盛，中华民族伟大复兴梦一定会实现。”同时，老人还谆谆寄语年轻人：“好好学习、天天向上，为祖国、为人民奋斗到底！”就这样，大家以回首初心、传承使命的特殊形式，和吴老一起度过了难忘的一天。

这次百岁生日慰问既是一次传递关爱真情、表示敬意和祝贺的走访，也是一堂别开生面的党史教育和情境党课，更是一次跨越时空的精神洗礼和红色传承。参加了此次活动的成员纷纷表示，将在红色基因中汲取砥砺奋进的力量，更好地走上新时代的长征路。

参考资料

乔锦标：由其本人委托家属提供相关资料。

吴国厚：

·《百岁老红军吴国厚讲述百年党史故事》（《湖南日报·华声在线》，2021年3月17日。记者：欧阳倩；通讯员：钟明）

·《老红军吴国厚：我与党同龄，更与党同心》（澎湃在线，2021年3月17日。来源：长沙市老干部局）

青海省新时代英模群像

多旦·马晨·王琳·王斌

·多旦，男，藏族，1952年4月出生，青海省果洛州玛沁县大武乡格多村党支部书记。

☆2020年11月，获评“全国劳动模范”

·马晨，男，回族，青海省玉树藏族自治州委组织部副部长(挂职)，北京市扶贫协作和支援合作工作领导小组青海玉树指挥部党委委员、综合办公室主任、宣传和人力资源部部长。

☆2021年，获评“全国脱贫攻坚先进个人”

·王琳，女，汉族，1988年出生，国网青海省电力公司海西供电公司供电服务指挥中心专员，可可西里“王琳青年志愿者服务队”队长。

☆2020年，获评“全国劳动模范”

·王斌，男，汉族，1967年9月出生，大学本科学历，青海省公路桥梁工程集团有限公司党委委员、副总经理，高级工程师。

☆2016年，荣获“全国五一劳动奖章”

☆2020年11月，获评“全国劳动模范”

多旦：一定要把格多草原上的这片“癞疮疤”治好

格多村平均海拔4200米，位于青海省果洛藏族自治州玛沁县大武乡，距离大武镇24千米。

20世纪末，由于过度放牧、鼠害等原因，格多村的草山出现了退化的现象。“满地都是老鼠洞，还在吃那些剩得不多的草根。”多旦回忆道。

由于草场退化、植被涵养水源能力下降，格曲河的水量也开始减少。每到春天，狂风一来，黑土飞扬。孩子们的乐园消失了，牛羊的口粮没有了，个个都骨瘦如柴，牧民百姓的生活也越来越贫困。那时，望着长满了黑色“癞疮疤”的草原，多旦常常泪流满面。

作为在牧区生活了半辈子的牧民，多旦暗暗发誓一定要改变这一切。“我就是要种草，哪怕再难我也要做!”

格多村有草山1.68万公顷，其中黑土滩的面积就占了7333公顷。为了在海拔4200米的黑土滩上把草种活，当时任村委会主任的多旦可谓绞尽脑汁。“满脑子都是种草的事，除了自己在家里做试验，还经常跟老书记一起研究，苦也吃了不少。”但是，在种草的路上，多旦前行无悔。

从种草选籽到栽种育苗，从机器使用到器械维修，多旦亲力亲为，犁开了自己的一片黑土滩，搞起了“试验田”。2012年，他为了筹措资金，甚至卖掉了自家牲畜。在专家的指导下，他带领牧民一口气种下上千亩经过良种选育的高原燕麦草，黑土滩终于吐露新芽。

为了在坡度大于25度的山坡上种草，多旦发明了一种方法：把成群的牦牛赶到黑土滩上，让牛去踩踏，然后把草籽撒在牛踩的脚印里，效果非常好。

公保多杰是最早跟着多旦书记种草的牧民之一，也是最先获益的人。“经过前期种草和禁牧，我家的草场上老鼠少了，牛羊多了，冬季牛羊的吃草困难也解决了。在多旦书记的带领下，我们村许多牧民的思想都转变了，自己出资种草、治理黑土滩的人也越来越多。”公保多杰激动地说。

为了带动更多的村民种草、致富，多旦动员全村成立了格多村生态畜牧业专业合作社，196 户、623 人以股份制形式入社，入社率为 100%。多旦成了“富给群众看，带着群众干”的致富领路人。

如今，7333 公顷的黑土滩已全部重新穿上了绿衣，“风吹草低见牛羊”的场景再度归来。

格多村的牧民们都知道，老支书多旦帮助自己摘掉了“穷帽子”，“十化”党建的政策则让自己端稳了“草饭碗”。

牧民端稳了“草饭碗”，由衷地感谢党，感谢致富领路人

2019 年，玛沁县制定《关于实施“十化”党建措施，强化基层组织建设的意见》，推动基层党建工作向制度化、规范化、地域化、通俗化、生产化、生活化、精准化、具体化、时代化、实效化转变。

在具体落实上，玛沁县统筹各方力量，在全县 35 个行政村成立了生产发展、纠纷调解、环境保护、互帮互助、卫生评估、治安联防、教育督导、精神文化、保障联络、联系协调、效率督导等 11 个专项工作组。

通过完善村级组织制度，极大增强了村党组织带领群众自我管理、自我发展、自我服务的能力。

“‘十化’党建政策极大调动了普通老百姓的生产积极性。”多旦说，“单是饲草种植基地，就涉及多个小组。生产发展组为建设出谋划策，联系协调组确保各组分工明确，效率督导组检查措施落实情况。群众主人翁意识显著提升：以前是干部做、群众看，现在是群众争着做、比着干。”

像其他牧民一样，索南西德将6400元产业扶贫到户资金全部入股到饲草基地中。在分红大会上，他和同村牧民不仅获得了入股前承诺的640元分红，还额外获得4捆共200斤的饲草，这些饲草也为牲畜安全过冬提供了不小的帮助。

2016—2019年，格多村饲草基地依靠治理黑土滩、种草，实现经济收入230余万元，累计分红45.74万元。

截至2019年底，全村51户、149名贫困人口全部脱贫，人均年收入达到1.32万元，绝对贫困问题得到解决。

马晨：不仅要“饱肚子”，还要“富脑子”、暖人心

2018年3月，根据组织安排，马晨从北京市西城区的工作岗位赶赴青海玉树，开启了为期3年的援青工作。其间，他先后挂职担任玉树州委宣传部副部长、州政府副秘书长，协助指挥部主要领导分管北京对口支援日常工作和整个援青团队的管理。

玉树平均海拔4200米，到玉树的头一个月，马晨顾不上自身的高原反应，仔细调阅北京对口支援近8年以来200多个对口支援项目的详细资料，并深入玉树一市五县进行调研。

通过调研，马晨发现玉树州属于深度贫困地区，经济发展落后，产业发展不起来是当地致贫的重要原因之一。而推动产业扶贫，就成为援青的重要命题。

在马晨的努力和推动下，2家知名的北京企业——首农食品集团和首旅集团于2018年5月成功与玉树州政府签约，组建两家合资企业，成为带动玉树农牧业和文化旅游业规范化发展的龙头企业，为玉树特色产业发展开了“小灶”，支起了统筹资源的“大锅”。

马晨说，在对口支援过程中，“不仅要‘饱肚子’，还要‘富脑子’、暖人心”。北京每年投入不少于1000万元的资金，用于加强玉树州各领域干部人才队伍建设；依托北京对口支援的优质培训资源，马晨积极开展玉

交支票不交责任，马晨用行动践行着一个援青干部的初心和使命

树州各市县致富带头人培训项目，组织他们赴北京等地学习、考察、培训，加强贫困村创业致富带头人队伍建设，加快贫困户增收步伐，推进精准扶贫脱贫。

玉树作为三江之源、中华水塔，生态责任重大，原本可以开采的资源、开办的工厂都因为生态重任而不得不放弃。从这个层面上看，玉树对全国人民都有恩。

在马晨看来，脱贫摘帽只是北京对口支援玉树的阶段性成果。未来，还要继续帮助玉树实现可持续发展，巩固脱贫攻坚的成果，全面推进乡村振兴。

根据调研中了解的情况，按照中央和北京市“援建资金的 80% 以上用于改善民生、80% 以上用于基层”“新增资金全部用于扶贫”的要求，马晨带领项目部着手对“十三五”对口支援规划进行了中期调整完善，科学确定每年的对口支援项目计划，坚持项目资金向基层倾斜、向农牧民倾斜、向精准扶贫倾斜。

3 年来，马晨积极协助党委书记探索形成了以党建为统领、以队建为保证、以援建为中心的“党建带队建促援建”援青模式，为对口支援各项工作的顺利开展提供了坚强的政治保障。

为了切实将“交支票不交责任”落在实处，马晨带领项目部相关工作人员在认真梳理现有的各项项目管理规定的基础上，制定了《北京市对口支援青海省玉树藏族自治州项目（交支票）管理指导手册》，使得对口支援项目管理工作有据可依。按照档案管理规范化、项目管理科学化的要求，马晨他们还在项目档案精细管理、分门别类的基础上研制开发了项目综合管理系统（App），利用现代化信息手段，使项目查询更加快捷、项目监控更加便利、项目信息更加公开透明。此外，他们还加强宣传引导，营造了良好氛围。

王琳：工作无小事，关键在用心

“除了激动，还有忐忑。习近平总书记在大会上发表的重要讲话让我深受鼓舞，真切地感受到作为一名劳动者的光荣和自豪。国家始终给予劳动者高度尊重，对我们来说意义重大。”走出人民大会堂，在首都灿烂的阳光下，王琳的笑容依旧腼腆。

2009 年 8 月，21 岁的王琳在青海省海西蒙古族藏族自治州格尔木市供电服务营业厅里迎来了她的第一位客户。因为听不懂青海方言，她的职场首秀在客户的一声叹息中落幕。“唉，你这个尕丫头呀——”看着客户失落的背影，王琳擦干眼泪，继续露出招牌式的微笑。

在营业大厅工作，讲究的是看、听、笑、说、动五项修炼基本功。为了让自己笑起来更好看，王琳用牙咬着筷子练习微笑，腮帮子肿得老高。她学习掌握所辖营业区“业扩”（供电业务扩展）变更办理流程，熟练应用营销管理信息系统各功能模块，能根据客户用电需求信息为客户提供精准帮助和业务指导。营业大厅的工作很烦琐，高峰时，王琳平均每天接待用电客户 150 个，累计服务用电客户达 37 万人次。她和小伙伴们开动脑筋，把小小的营业柜台变成集咨询投诉、电费收取、业务接洽等各种业务于一身的全功能服务窗口。这种“一台清”的工作模式大大提高了办事效率，还解决了客户交费难和重复排队现象。

2019 年 4 月，王琳转岗到供电服务指挥中心，服务范围从格尔木地区扩大到了整个海西州。虽然客户数量增多了，工作量更大了，但她对服务的质量和标准要求更高了。

王琳为客户提供服务时总是无微不至

要想解决工作中的难题，关键是创新。针对配网线路故障率高、跳闸率高、用户投诉率高的“三高”现象，王琳和同事细细分析，发挥专业协同优势，创造了“事前风险预警 + 事中协同处置 + 事后‘四不放过’分析整改”的投诉立体式管控模式：一是对“营配调”数据进行综合分析，梳理出近期存在投诉风险的频繁停电线路、投诉敏感地区、高投诉风险的停电检修计划，每周提前预警，方便基层一线“精准管控”；二是对影响较多客户的停电、涉及多专业的停电作业，通过微信群组织多专业、多部门进行实时信息分享、协同处置，过程信息更加透明；三是在投诉处理时嵌入“四不放过”的安全管理标准，有效遏制“三高”现象。2019 年年内，客户投诉同比下降 48.91%。

可可西里是三江源国家生态保护区的一部分，也是王琳和“王琳青年志愿者服务队”队友们的新天地。多年来，他们投身公益、呵护自然，定期去可可西里捡拾垃圾，还参与和开展了“青春光明行”“生态环保志愿行”“保护藏羚羊”等多项活动。

大柴旦马海村是青海省境内唯一的哈萨克族移民搬迁村，村小学仅有80名学生，孩子的成长一直牵动着王琳的心。“大手拉小手”活动开展以来，王琳和队友们定期到村小学与孩子们玩游戏、互动交流，亲身示范如何安全用电、怎样防止家庭人身触电。“看着孩子们天真无邪的眼睛，我怎么也不好意思说离开。”每次分别时，王琳都会红了眼圈，孩子们的不舍让她说不出再见。

因为喜欢，所以热爱。王琳把工作当成一份事业，主动研究、大胆创新，推出“联动”服务，先后完成了“降低错交电费风险，避免客户投诉”“5311客户服务提升工作方法”等创新项目。如今，在新的岗位上，王琳创新的动力更足了，在投诉立体式管控取得成功的基础上，再次鼓起了创新的风帆。

“为民解忧要热心，对待客户要耐心，提供帮助要诚心，真情服务要恒心。”王琳十年如一日，用她的“四心”服务，在高原上追光逐梦。

王斌：一件小事让他把筑路当作终生的事业

1984年，年轻的王斌怀揣梦想来到了青海路桥，成为青海第三路桥建设有限公司的一名筑路者。作为一名初出茅庐的钢筋工学徒，王斌白天工作，晚上学画图、查资料，有不懂的就去请教师傅。他每天想得最多的，就是怎样才能成为一名合格的钢筋工。

一次，在工地的钢筋加工棚里，王斌和工友们遇到了一个难题：多次反复操作之后，他们还是无法按照图纸要求做出符合施工要求形状的钢筋。经过深入思考和试验，王斌和工友们最终通过设计和制作特殊结构的弯筋扳手，找到了精准、高效、可实现批量加工的办法。这种成就感让王斌一下子迷上了这一行。从此，在他的日记本上，密密麻麻地写满了工程要求、工艺技巧。师傅经常打趣地说：“这个日记本就是王斌的宝贝，他几乎走到哪里带到哪里。”

为了进一步充实自己的专业知识水平，王斌利用冬闲时间自学完成了公路施工技术本科学业。不停地学习，让他有了不断上升的热情，技术上

王斌在施工第一线

也日益熟练。1987 年，王斌代表集团参加了青海省交通厅主办的钢筋工练兵比武，获得了第一名。这之后，对于技术过硬的王斌来说，在各种竞赛中获得第一名成为常有的事，也让他从最初的钢筋工学徒转变为技术能手、高级技师、高级工程师。后来，他更从一名普通员工蜕变成现在的企业负责人。

2009 年 9 月，共茶高速公路开建。作为青海省修建的首条牧区高速公路，面对高寒缺氧、错综复杂的地理环境和工期滞后的压力，王斌带领项目部全体职工打破常规，进一步创新工作方式，一边安排施工，一边有条不紊地布置着前期准备、人料机械资源配置、施工进度计划编排等工作。

除了对工程进行深入细致的统筹规划外，他还结合工期、安全、质量、进度等各方面因素，制订出详细合理的日计划、周计划。项目部也迅速掀起了大干高潮，吹响了“攻坚战”的号角，创造了一个又一个“高原速度”。最终，他们在 25 天时间里以全线第一的骄人成绩圆满完成了施工任务，而这个项目的完成也让他的团队创下了“八个第一”的施工纪录。

2016 年，青海省总工会授牌创建“韦安祥劳模创新工作室”后，作为核心成员之一的王斌在工程施工中通过反复试验，创新了多项工艺，不仅提高了工效，节约了成本，还取得了可观的经济效益，得到业主认可，并由业主在全线推广。2018 年，王斌独立发明的“一种水泥稳定碎石加工用连续式振动搅拌机”技术获批国家实用新型专利，此专利先后运用在公司多个施工项目上，实现了降本增效。

自带领劳模创新工作室团队开展创新活动以来，王斌先后获得技术专利成果 32 项，累计节约成本 1150 万元。在王斌的带领下，企业连续 2 年实现利润超过 2700 万元，12 个项目完成交竣工验收，工程合格率达 100%，无重大安全质量事故。

“在其位，谋其事！不管在什么岗位，我在职一天，就要负起一名共产党员的担当和责任。”从“工人技术明星”到全国“五一劳动奖章”获得者，这个在一线成长起来的路桥人常常这样要求自己：长年从事同一个工作，免不了日复一日简单的重复，而要保持对事业的激情，最好的办法就是不断给自己设立新的、更高的目标。

（由中共青海省委宣传部提供相关资料）